法廷通訳ハンドブック実践編

【シンハラ語】
(改訂版)

最高裁判所事務総局

はじめに

法廷通訳については，通訳の対象が法廷という極めて特殊な状況での会話であるために，通訳一般で必要とされる十分な語学力に加えて，法廷通訳に求められる特別の心構えや刑事手続の基本的な知識を身につける必要があります。そして，経験を積む中で，刑事手続への理解を深め，事実に争いがある否認事件等の複雑な手続や，控訴審などの通常の第一審と異なる手続の通訳もこなせるようなレベルにまで，能力を向上させていくことが期待されます。このようなレベルに達するには，法廷での特殊な用語，法律的な知識など法廷通訳に特有の事項をよく理解することが必要となります。

本書は，そのための手助けになるように，平成元年度から順次刊行した法廷通訳ハンドブックの姉妹編として作成しました。

本書では，できるだけ実践的な内容とすることを心がけ，第１編では刑事手続の流れに沿って，通訳人からよく質問される事項をＱ＆Ａの形でまとめ，第２編では，控訴審の手続をできるだけ平易に説明するとともに，第３編及び第４編では，法廷で使用されることの多いやりとりの具体例や，法律用語などの通訳例をできる限り網羅的に掲載することを心がけました。

なお，本書の初版が刊行されてから相当期間が経過しており，その間，法改正や新法の制定が行われ，刑事裁判に関する様々な制度（公判前整理手続，即決裁判手続，裁判員の参加する刑事裁判手続，犯罪被害者等が刑事裁判に参加する制度等）が実施されています。

そこで，今回，これらの法改正等を踏まえて，初版の内容を見直し，所要の改訂を行いました。

本書が，初版と同様，広く刑事裁判の通訳に当たる方の一助となれば幸いです。

平成24年３月

最高裁判所事務総局刑事局

目　次

第１編　刑事裁判手続における通訳人の留意事項 ……………… 1
第１章　一般的注意事項 ……………………………………………… 1
第２章　勾留質問手続 ………………………………………………… 3
第３章　起訴後第１回公判期日前まで ……………………………… 4
第１節　起訴 …………………………………………………………… 4
第２節　起訴状概要の翻訳文の送付 ………………………………… 4
1　趣旨 ………………………………………………………………… 4
2　実施の方法 ………………………………………………………… 4
第３節　法廷通訳の依頼 ……………………………………………… 5
第４節　公判前整理手続 ……………………………………………… 7
第５節　第１回公判期日の指定 ……………………………………… 9
第６節　裁判所と通訳人との連絡及び通訳人の事前準備 ………… 10
第７節　弁護人の接見への同行 ……………………………………… 12
第４章　公判手続 ……………………………………………………… 16
第１節　法廷通訳一般 ………………………………………………… 16
第２節　開廷前の準備 ………………………………………………… 19
第３節　公判廷での手続 ……………………………………………… 20
1　通訳人の宣誓等 …………………………………………………… 20
2　被告人に対する宣誓手続等についての説明 …………………… 20
3　被告人の人定質問 ………………………………………………… 21
4　起訴状朗読 ………………………………………………………… 21
5　黙秘権の告知 ……………………………………………………… 22

－ i －

6	事件に対する被告人の陳述	22
7	弁護人の意見	22
8	ワイヤレス通訳システムの利用	22
9	証拠調べ手続	24
（1）	冒頭陳述	24
（2）	検察官からの証拠申請	25
（3）	検察官の証拠申請に対する弁護人の意見	25
（4）	裁判所の証拠採否（証拠を採用するか却下するか）の決定	25
（5）	採用された証拠の取調べ	25
	ア　証拠書類の内容の要旨の告知（又は朗読）	25
	イ　証拠物の展示	26
（6）	証人尋問	26
	ア　証人の宣誓及び虚偽の証言に対する注意	26
	イ　通訳の方法	26
	(ｱ)　外国語を使用する証人の場合	26
	(ｲ)　日本語を使用する証人の場合	27
	ウ　証人の不安や緊張等を緩和するための措置	27
	(ｱ)　付添い	27
	(ｲ)　遮へい	27
	(ｳ)　ビデオリンク	28
10	被告人質問	34
11	論告	34
12	弁護人による弁論	35

13　被告人の最終陳述 ………………………………… 36
　　14　次回期日の指定 …………………………………… 36
　　15　判決宣告の手続 …………………………………… 37
　　16　上訴期間等の告知 ………………………………… 38
　　17　即決裁判手続 ……………………………………… 38
　第4節　裁判員裁判 ……………………………………… 39
　第5節　被害者参加 ……………………………………… 41
　第5章　その他の留意事項 ……………………………… 43
第2編　**控訴審における刑事手続の概要** ………………… **45**
　第1章　控訴審とは ……………………………………… 45
　　1　上訴制度 …………………………………………… 45
　　2　控訴審の役割 ……………………………………… 45
　第2章　控訴の申立て等 ………………………………… 45
　　1　控訴の提起期間 …………………………………… 46
　　2　申立ての方式 ……………………………………… 46
　　3　上訴の放棄 ………………………………………… 46
　　4　上訴の取下げ ……………………………………… 46
　第3章　控訴審の手続 …………………………………… 46
　　第1節　控訴審の第1回公判期日までの手続 ………… 46
　　　1　弁護人選任に関する手続 ……………………… 47
　　　2　通訳人の選任に関する手続 …………………… 47
　　　3　被告人の移送 …………………………………… 47
　　　4　控訴趣意書の提出 ……………………………… 47
　　　5　答弁書の提出 …………………………………… 48

         6 第1回公判期日の指定と被告人の召喚 ・・・・・・・・・・・・・・ 48
     第2節 控訴審における公判審理 ・・・・・・・・・・・・・・・・・・・・・・・・ 49
         1 概要 ・・ 49
         2 公判期日の手続の流れ ・・・・・・・・・・・・・・・・・・・・・・・・・・・ 49
         （1）通訳人の人定尋問と宣誓 ・・・・・・・・・・・・・・・・・・・・・・ 49
         （2）被告人の人定質問 ・・・・・・・・・・・・・・・・・・・・・・・・・・・・ 49
         （3）控訴趣意書に基づく弁論 ・・・・・・・・・・・・・・・・・・・・・・ 50
         （4）控訴趣意書に対する相手方の意見（答弁）・・・・・・・ 51
         （5）事実の取調べ ・・・・・・・・・・・・・・・・・・・・・・・・・・・・・・・・ 51
         （6）事実の取調べの結果に基づく弁論 ・・・・・・・・・・・・・・ 52
         （7）次回公判期日の指定・告知 ・・・・・・・・・・・・・・・・・・・・ 52
         3 判決宣告期日 ・・・・・・・・・・・・・・・・・・・・・・・・・・・・・・・・・・ 52

第3編 法廷通訳参考例 ・・・・・・・・・・・・・・・・・・・・・・・・・・・・・・・・・・ 55

 第1章 勾留質問手続 ・・・・・・・・・・・・・・・・・・・・・・・・・・・・・・・・・・・・ 56
     1 前置き ・・・ 56
     2 黙秘権の告知 ・・・・・・・・・・・・・・・・・・・・・・・・・・・・・・・・・・・・・ 56
     3 弁護人選任権の告知 ・・・・・・・・・・・・・・・・・・・・・・・・・・・・・・ 56
     4 勾留の要件の説明 ・・・・・・・・・・・・・・・・・・・・・・・・・・・・・・・・ 58
     5 勾留の期間の説明 ・・・・・・・・・・・・・・・・・・・・・・・・・・・・・・・・ 58
     6 被疑事実の告知 ・・・・・・・・・・・・・・・・・・・・・・・・・・・・・・・・・・ 58
     7 被疑事実に対する陳述 ・・・・・・・・・・・・・・・・・・・・・・・・・・・・ 60
     8 勾留通知先 ・・・・・・・・・・・・・・・・・・・・・・・・・・・・・・・・・・・・・・ 60
     9 領事機関への通報 ・・・・・・・・・・・・・・・・・・・・・・・・・・・・・・・・ 60
    10 読み聞け ・・ 60

第2章 公判手続 …………………………………… 62
　1　開廷宣言 …………………………………… 62
　2　通訳人の宣誓 ……………………………… 62
　3　人定質問 …………………………………… 62
　4　起訴状朗読 ………………………………… 62
　5　黙秘権の告知 ……………………………… 62
　6　被告事件に対する陳述 …………………… 64
　7　弁護人の意見 ……………………………… 64
　8　検察官の冒頭陳述 ………………………… 66
　9　弁護人の冒頭陳述 ………………………… 66
　10　公判前整理手続の結果顕出 ……………… 66
　11　証拠調べ請求 ……………………………… 66
　12　証拠（書証・証拠物）請求に対する意見 ………… 66
　13　書証の要旨の告知・証拠物の展示 ……… 68
　14　証人申請 …………………………………… 70
　15　証人申請に対する意見及び証人の採用 ………… 72
　16　証人の尋問手続 …………………………… 72
　（1）証人の宣誓 ……………………………… 72
　（2）異議申立て及びその裁定 ……………… 72
　（3）証人尋問の終了 ………………………… 74
　17　その他の手続 ……………………………… 74
　（1）弁論の併合決定 ………………………… 74
　（2）訴因及び罰条等の変更 ………………… 74

（3）被害者特定事項の秘匿決定後，被害者の呼
　　称の定めがされた場合 ……………………… 74
（4）被害者参加許可決定 ………………………… 74
（5）被害者等の被害に関する心情その他の被告
　　事件に関する意見陳述 ………………………… 76
（6）即決裁判手続 ………………………………… 76
　　ア　被告事件に対する有罪の陳述 ……………… 76
　　イ　弁護人の意見 ………………………………… 76
　　ウ　即決裁判手続によって審判する旨の決定 ……… 78
　　エ　証拠調べ請求等 ……………………………… 78
18　論告 ……………………………………………… 78
19　被害者参加人の弁論としての意見陳述 …………… 80
20　弁護人の弁論 ……………………………………… 80
（1）出入国管理及び難民認定法違反（自白事件）
　　の例 ……………………………………………… 82
（2）窃盗（否認事件）の例 ………………………… 82
21　被告人の最終陳述 ………………………………… 84
22　公判期日の告知 …………………………………… 84
（1）次回公判期日の告知 …………………………… 84
（2）判決言渡期日の告知 …………………………… 84
23　判決宣告 …………………………………………… 84
24　執行猶予の説明 …………………………………… 86
（1）身柄拘束中の被告人の執行猶予 ……………… 86
（2）既に不法残留になっている被告人の執行猶予 …… 86

25	未決勾留日数の説明	86
26	保護観察の説明	88
27	上訴権の告知	88

第3章 第一審における判決主文の例 …………… 88
 1 有罪の場合 ……………………………… 88
  (1) 主刑 …………………………………… 90
    ア 基本型 …………………………… 90
    イ 少年に不定期刑を言い渡す場合 ……… 90
    ウ 併科の場合 ……………………… 90
    エ 主文が2つになる場合 …………… 90
  (2) 未決勾留日数の算入 ………………… 90
    ア 基本型 …………………………… 90
    イ 本刑が数個ある場合 ……………… 90
    ウ 本刑が罰金・科料の場合 ………… 90
    エ 刑期・金額の全部に算入する場合 …… 90
  (3) 労役場留置 …………………………… 92
    ア 基本型 …………………………… 92
    イ 端数の出る場合 ………………… 92
  (4) 刑の執行猶予 ………………………… 92
  (5) 保護観察 ……………………………… 92
  (6) 補導処分 ……………………………… 92
  (7) 没収 …………………………………… 92
    ア 基本型 …………………………… 92
    イ 偽造・変造部分の没収 …………… 92

　　　　ウ　裁判所が押収していない物の没収 ………………… 92
　　　　エ　犯罪被害財産の没収 ……………………………… 94
　　(8)　追徴 ……………………………………………………… 94
　　　　ア　基本型 …………………………………………… 94
　　　　イ　犯罪被害財産の価額の追徴 …………………… 94
　　(9)　被害者還付 …………………………………………… 94
　　　　ア　基本型 …………………………………………… 94
　　　　イ　被害者不明の場合 ……………………………… 94
　　　　ウ　被害者が死亡した場合 ………………………… 94
　　(10)　仮納付 ……………………………………………… 94
　　(11)　訴訟費用の負担 …………………………………… 94
　　(12)　刑の執行の減軽又は免除 ………………………… 96
　　(13)　刑の免除 …………………………………………… 96
　2　無罪・一部無罪の場合 …………………………………… 96
　　(1)　無罪 …………………………………………………… 96
　　(2)　一部無罪 ……………………………………………… 96
　3　その他の場合 ……………………………………………… 96
　　(1)　免訴 …………………………………………………… 96
　　(2)　公訴棄却 ……………………………………………… 96
　　(3)　管轄違い ……………………………………………… 96
第4章　控訴審における判決主文の例 ……………………… 98
　1　控訴棄却・破棄 …………………………………………… 98
　　(1)　控訴棄却 ……………………………………………… 98
　　(2)　破棄自判 ……………………………………………… 98

（3）破棄差戻し ………………………………… 98
　（4）破棄移送 …………………………………… 98
　2　未決勾留日数の算入 ………………………… 98
　3　訴訟費用の負担 ……………………………… 98
第5章　第一審における判決理由 …………………100
　1　罪となるべき事実 ……………………………100
　（1）不正作出支払用カード電磁的記録供用罪及び
　　　窃盗罪の例 ……………………………………100
　（2）覚せい剤取締法違反罪の例 …………………100
　（3）大麻取締法違反罪の例 ………………………100
　（4）麻薬及び向精神薬取締法違反罪の例 ………102
　（5）売春防止法違反罪の例 ………………………102
　（6）強盗致死罪の例 ………………………………102
　（7）自動車運転過失傷害罪の例 …………………104
　（8）傷害罪の例 ……………………………………106
　（9）詐欺罪の例 ……………………………………106
　（10）殺人罪の例（確定的故意の場合） …………108
　（11）殺人罪の例（未必的故意の場合） …………108
　（12）銃砲刀剣類所持等取締法違反罪の例 ………110
　（13）出入国管理及び難民認定法違反罪の例 ……110
　（14）窃盗罪（万引）の例 …………………………110
　（15）窃盗罪（すり）の例 …………………………112
　（16）教唆の例（窃盗） ……………………………112
　（17）幇助の例（窃盗） ……………………………112

2　証拠の標目 ……………………………………………112
　　3　累犯前科 ………………………………………………114
　　4　確定判決 ………………………………………………116
　　5　法令の適用 ……………………………………………116
　　6　量刑の理由 ……………………………………………116
　　　　出入国管理及び難民認定法違反の例 …………………116
　第6章　控訴審における判決理由 ……………………………118
　　1　理由の冒頭部分 ………………………………………118
　　2　理由の本論部分 ………………………………………118
　　（1）控訴棄却 ……………………………………………118
　　（2）破棄自判 ……………………………………………120
　　3　法令の適用部分 ………………………………………122
　　（1）控訴棄却 ……………………………………………122
　　（2）破棄自判 ……………………………………………122
　　（3）破棄差戻し …………………………………………124

第4編　法律用語等の対訳 …………………………………127
　第1章　法律用語の対訳 ………………………………………127
　第2章　法令名 …………………………………………………166
　第3章　罪名 ……………………………………………………174

資料 ……………………………………………………………185
証拠等関係カードの略語表 …………………………………185
第一審手続概要 ………………………………………………187
控訴審手続概要 ………………………………………………189

第１編

刑事裁判手続における通訳人の留意事項

第 1 篇

地球温暖化によって生起する人間社会の適応事例

第１編　刑事裁判手続における通訳人の留意事項

ここでは，通訳を必要とする刑事裁判での手続に即して，しばしば問題となる事項又は通訳人が留意すべき事項について説明します。法廷等で使用される用語の訳語については，５５ページの「法廷通訳参考例」又は１２７ページの「法律用語等の対訳」を参照してください。

第１章　一般的注意事項

①Q　法廷通訳は，一般の通訳と比べてどのような特徴がありますか。

A　法廷でのやりとりのうち，証人尋問や被告人質問は，その結果得られた証言や供述が，裁判の証拠として，犯罪事実の認定や刑の量定の基礎になる特に重要なものですから，すべての発言を逐語訳で行う必要があるという特徴があります。例えば，証人が証言内容を発言直後に訂正した場合には，訂正後の内容だけでなく訂正前の内容についてもそのまま通訳してください。

法廷での裁判官と検察官，弁護人とのやりとりについては，裁判長が必要な事項を要約することが多いと思われます。通訳すべき範囲を自分で判断するのではなく，裁判長の指示に従って通訳を行ってください。

②Q　通訳人として守らなければならないことは何ですか。

A 良心に従って誠実に通訳をしてください。通訳をするに当たって,そのことを宣誓していただくことになります。また,裁判は,偏りのない公正な手続で行う必要がありますから,通訳人も,通訳するに当たっては,立場上中立公正さを疑われるような行動をとってはいけません。もしも,被告人や証人と知り合いであるなどの事情がある場合には,直ちに裁判所に申し出てください。

　また,被告人又はその関係者に対しては,自分の氏名,住所,電話番号を教えないようにし,個人的に接触する機会を与えないでください。一緒に飲食をしたり,贈物を受け取るなどの行為は絶対にしないでください。

　さらに,裁判の過程で知った事件に関する事項については,絶対に他に漏らさないでください。裁判所や検察官,弁護人から事前に送付を受けた書面については,その保管に注意するとともに,他人の目に触れることのないよう注意してください。

③Q 証人や被告人の発言を逐語訳したり,法廷でのやりとりを記憶しておくのは,大変なことだと思いますが,法廷に立ち会う際,どのような準備,工夫をすればよいですか。

A 法廷に立ち会う際には,自分の記憶だけに頼るのではなく,メモを取っておくことが不可欠です。メモを

> 取る際には，自分の理解しやすい記号や略語を用いたり，訴訟関係人の発言の順序などについて図式化して記録するなど，適宜工夫をするとよいでしょう。
> また，日ごろから，メモ取りをはじめとする様々なトレーニングを行い，通訳スキルの更なる向上を心がけておくことも重要です。

第2章　勾留質問手続

　逮捕された被疑者を引き続き留置しようとする場合，検察官は裁判官に対して勾留請求を行います。裁判官は資料を検討し，被疑事実に関する被疑者の言い分を聞いた上で，勾留するかどうか決めることになります。この言い分を聞く手続が勾留質問です。勾留質問は，裁判所の勾留質問室で行われます。被疑者が日本語を理解できない場合には，通訳人を介してこの手続を行うことになります。

> Q　通訳人の人定尋問の際，被疑者に通訳人の氏名や住所を知られることはありませんか。被疑者に氏名住所等を知られたくない場合には，どうしたらよいですか。
> A　裁判所では，通訳人の氏名，住所などの個人情報について，慎重に取り扱うよう配慮しています。
> 　勾留質問手続においては，裁判官は，通訳人の人定尋問の際，あらかじめ人定事項を記載した書面をもとに「このとおりですね。」などと確認する形で人定尋問を行うのが一般的です。

念のため事前に裁判所書記官（以下「書記官」といいます。）に対してそのような希望を申し出てください。

第３章　起訴後第１回公判期日前まで

第１節　起訴

刑事裁判は，検察官が裁判所に対して裁判を求めることによって開始されます。これを起訴又は公訴の提起といい，具体的には，検察官が，起訴状を裁判所に提出して行います。起訴状には，被告人の氏名，生年月日，住居など被告人を特定する事項，公訴事実，罪名及び罰条が記載されています。

起訴があると，それまで被疑者に対する被疑事件であったものが被告人に対する被告事件となって，裁判所で審理される状態になります。

第２節　起訴状概要の翻訳文の送付

1　趣旨

裁判所では，起訴があった場合，起訴状の概要を被告人の理解できる言語に翻訳した上，第１回公判期日前のできるだけ早い時期にその翻訳文を被告人に送付するという取扱いを行っています。これは，日本語を理解しない被告人に早期に起訴状の内容を理解させて，被告人の防御権を実質的に保障するとともに，公判審理の充実を図ろうとするものです。

2　実施の方法

起訴状概要の翻訳文を送付する運用を円滑に実施するため，典型的な公訴事実の要旨を翻訳した文例集が作成され，それ

ぞれの地方裁判所に用意されています。

　裁判所は，翻訳文を送付する際には，通訳人予定者等に，日本語で作成した起訴状記載の公訴事実の要旨，罪名及び罰条について翻訳を依頼し，翻訳文を作成してもらうこともあります。その際，先に述べた翻訳文例の翻訳例を参考にしていただくとよいと思います。出来上がった翻訳文は，裁判所から被告人に送付しています。

　1に記載した趣旨から，翻訳文の作成を依頼された場合には，速やかに翻訳文を作成して提出してください。

　なお，この翻訳料は，通訳人に対する通訳料とは別に，翻訳内容に応じて支給されます。

Q　裁判所から翻訳の依頼があった場合に留意する事項は何ですか。

A　書記官から，翻訳言語，提出期限などを示してお願いしますので，特に提出期限に留意してください。また，担当の書記官の氏名を聞いておくと，疑問点が生じた場合に照会するのに便利です。

第3節　法廷通訳の依頼

　　要通訳事件では，適格な通訳人を選任することが極めて重要ですが，適格な通訳人であるためには，十分な語学力を有するとともに，中立公正であることが必要です。

　　この点，捜査段階で付された通訳人を法廷における通訳人として選任することについては，裁判の公正に対する無

用の疑念を生じさせたり，捜査段階の通訳人の面前では，取調べ時に供述したことに心理的に影響されて，被告人が公判廷で自由に言い分を言えないおそれも考えられることから，法廷通訳には，できる限り捜査段階の通訳人と別の通訳人を選任することが望ましいと考えています。実際にも特段の事情のある場合を除き，別の通訳人を選任する運用がされています。

①Q　裁判所から通訳の依頼があった場合に確認しておく事項は何ですか。

A　①裁判所名，②担当裁判部と書記官の氏名，③内線番号，④通訳言語，⑤事件名，⑥被告人の氏名，⑦公判期日，⑧公判の予定所要時間，⑨弁護人が決まっていればその氏名と連絡先，⑩弁護人の国選，私選の別，⑪公判前整理手続や，即決裁判手続による審理が予定されているか，⑫裁判員の参加する裁判（以下「裁判員裁判」といいます。）であるかどうかなどを確認しておくとよいと思います。また，被告人が複数になると公判時間が長くなるとともに別々の日時に接見に同行することになるため，時間を要することに留意してください。

②Q　捜査段階で通訳した事件について法廷通訳を依頼された場合にはどうしたらよいですか。また，捜査段階で共犯者の通訳を行っている場合はどうですか。

> A　裁判所は，捜査段階でどのような通訳人が付いたのかを知らないのが通常です。したがって，まずその旨を書記官に伝えてください。そのような場合には基本的には他の通訳人に依頼することになりますが，他に適格な通訳人の確保が困難な場合には通訳を再度依頼することもあります。その場合には御協力をお願いします。なお，共犯者の通訳の場合も基本的には同様です。

第4節　公判前整理手続

　公判前整理手続とは，充実した公判審理を集中的・連日的に行うことを目的として，裁判所が，検察官及び弁護人の出席のもとで行う非公開の手続をいいます（事案によっては，検察官及び弁護人が出席せず，書面のやりとりによって行うこともあります。）。

　公判前整理手続は，裁判員対象事件では必ず実施されますし，それ以外の事件では，裁判所が，充実した審理を集中的・連日的に行うために必要であると認めた場合に実施されます。そこでは，①事件の争点は何なのか，②公判において，どの証拠を，どういった順序で取り調べるのか，③公判期日をいつ行い，その期日での具体的な進行はどうするのかなどといったことが決められます。

　公判前整理手続においては，被告人は，裁判所が特に出頭を求めない限り，その期日に出頭する義務はありません。したがって，被告人が期日への出頭を希望せず，裁判所で

も特に出頭を求めない場合には，被告人不出頭のままで行われます。

---

①Q　公判前整理手続で通訳を行うことはありますか。
　A　公判前整理手続期日に日本語を理解しない被告人が出頭する場合には，そこで行われた手続について通訳を行うことになります。なお，被告人が出頭しない公判前整理手続期日について通訳を依頼することはありませんが，期日直前になって被告人が出頭することになった場合には，急に通訳を依頼することもありますので，その場合には御協力をお願いします。

---

②Q　公判前整理手続では，公判審理に比べて，通訳はかなり困難なものになるのではないですか。
　A　従前の公判審理に比べて，難しい手続が行われるわけではありませんが，事案によっては，裁判所と当事者との間で，専門的な法律用語を用いた細かいやりとりがされることもあります。そのような場合，通訳のやり方について，あらかじめ裁判所と相談しておくとよいでしょう。

---

③Q　公判前整理手続が実施された事件の審理について，通常の事件と異なる点はありますか。
　A　公判前整理手続が実施された事件では，その後の公判期日において，検察官の冒頭陳述の終了後，弁護人

の冒頭陳述（弁護側の主張があるとき）及び公判前整理手続の結果を明らかにする手続（６６ページの参考例参照）が行われます。

また，証拠申請やこれに対する意見の聴取，証拠を取り調べるかどうかなどに関する裁判所の決定は，通常，公判前整理手続で既に行われているため，冒頭陳述や結果顕出の手続が終了した後は，引き続き証拠の取調べが行われます。

第５節　第１回公判期日の指定

裁判所が公判の期日を指定する際には，あらかじめ通訳人との間で日程の調整を行った上で期日の指定を行っています。

また，弁護人は，第１回公判期日前（公判前整理手続期日が開かれる場合には，その第１回期日前）に被告人と接見し，日本の刑事裁判手続や起訴状の内容等を説明するとともに，事件について打合せをする必要がありますので，裁判所は，それらに要する日数にも配慮して期日を指定しています。

Q　期日の打合せをする上で留意すべき事項は何ですか。

A　公判後に予定を入れている場合等で時間に制約があるときには，「何時から次の予定が入っていますから，何時までしかできません。」というふうに，具体的に書記官に伝えてください。また，その期日については通訳を

することが可能な場合でも，その期日の直後から旅行に出かけるとか，他の仕事の関係などでしばらく法廷通訳を引き受けられない場合には，「いつからいつまでは引き受けられません。」ということを，事件の依頼があった際にはっきり伝えてください。

第6節　裁判所と通訳人との連絡及び通訳人の事前準備

通訳人として選任されることが決まった場合には，書記官から，第１回公判期日の通知（公判前整理手続期日に被告人が出頭する場合には，その期日の通知）がされるとともに，当該期日に在廷してほしいという依頼があります。また，法廷通訳の準備のために，起訴状写しを郵便等で送付します（公判前整理手続の場合には，当事者から提出された書面が送付される場合もあります。）。裁判所によっては，起訴状写しなどとともに，裁判部(裁判官名)，書記官名，裁判部の電話番号，被告人の勾留場所，裁判所の近辺の地図等の必要事項を記載した事務連絡文書を送付することもあります。

なお，第１回公判期日前には，通訳人の準備のために検察官が作成した冒頭陳述書又は冒頭陳述メモ，書証の朗読(要旨の告知）のためのメモ（結審予定の場合には，さらに検察官作成の論告要旨，弁護人作成の弁論要旨）が交付されるのが一般的です。

①Q　法廷通訳の経験のない通訳人の場合，事前の準備と

してどのようなことが考えられますか。

A　事前に他の事件の法廷傍聴をしておくこと，法廷通訳ハンドブックを読むなどして勉強しておくこと，刑事裁判手続を分かりやすく説明した外国人事件用ビデオを裁判所で見せてもらうこと，裁判官又は書記官から手続の説明を受ける機会があればそれも活用することなどにより，刑事裁判手続の流れや法律用語などについて勉強しておくのがよいでしょう。また，冒頭陳述書等をできるだけ早く入手できるように，書記官から検察官や弁護人に伝えてもらうとよいでしょう。さらに，法廷に立ち会う際には，メモ取りの準備をしておくことが不可欠ですし，日ごろから通訳スキルを磨くための様々なトレーニングをしておくことも重要です（第１編第１章③Q＆A（２ページ）参照）。

②Q　通訳の準備のために，検察庁に事件の記録を見に行くことはできますか。

A　公判前の段階では，事件に関する書類は非公開とされていますから，一般的には見ることはできません。

③Q　どのような書面が事前に通訳人に交付されていますか。

A　事件によって異なりますが，一般的には，冒頭陳述書又は冒頭陳述メモ，書証の朗読（要旨の告知）のためのメモ，論告要旨，弁論要旨が交付されています。

なお，このように通訳人には準備のため訴訟に関する書面が交付されますが，これらの書面は一切他に見せてはいけません。

④Q　事前に交付された書面によく分からない点がある場合にはどうしたらよいですか。

A　書面を作成した検察官，弁護人に確認することが望ましいと思われます。一般的な法律用語の意味の確認程度であれば，とりあえず書記官に確認するということでもよいでしょう。

なお，法廷で提出される前の段階では，このような書面は，裁判所の手元にはないことを承知しておいてください。

第７節　弁護人の接見への同行

外国人被告人の場合，日本の裁判制度に対する知識がほとんどないことが原因で不安に陥ることが少なくありません。弁護人はその職務として，起訴後できるだけ早い時期に被告人と接見し，起訴状の内容を説明して言い分を聴くとともに，日本の裁判制度等についても十分に説明することが求められています。

そこで，国選弁護事件においては，裁判所では弁護人に対して，あらかじめ通訳人予定者の氏名，電話番号等を通知し，弁護人が希望すれば通訳人予定者を接見に同行できるように配慮することにしています。

また，一定の事件については，起訴される前の段階で，被疑者の請求により国選弁護人が選任されることがあります。この場合には，国選弁護人や国選弁護人の候補者の指名等に関する業務を行う日本司法支援センター（法テラス）から，接見への同行を依頼されることがあります。

したがって，裁判所や国選弁護人等からそのような依頼があれば，御協力をお願いします。

なお，国選弁護事件において，弁護人の接見に通訳人が同行した場合には，弁護人から報酬や費用の支払を受けることができます。

---

①Q　弁護人の接見に同席した場合に留意すべき事項は何ですか。

A　被告人から尋ねられても，絶対に自己の氏名や連絡先を教えてはいけません。被告人から理由を尋ねられた場合には，「教えてはいけないことになっています。」と答えてください。

また，弁護人にも通訳人の氏名等を被告人に対して紹介することのないよう話をしておくとよいでしょう。

さらに，接見の際に，被告人の話し方の癖等を把握しておくと，法廷通訳をする際に役立ちます。

---

②Q　接見の通訳をした際に，アクセントが強かったり，方言が交じっていたりして被告人の話す言葉が分かりづらかったり，逆に被告人が通訳人の通訳内容を理解

していないと思われた場合には,どうしたらよいですか。

A　弁護人にその旨を告げるとともに,書記官にもそのことを伝えてください。コミュニケーションがどの程度取れているのか,取りにくい原因は何かなどを考慮して,裁判官が,被告人にゆっくりあるいは繰り返し話すように促すことでまかなえるかどうか,又は通訳人の交替をしてもらうかなどの措置を検討することになります。

③Q　被告人が他の言語の通訳を希望している場合にはどうしたらよいですか。

A　被告人の希望を書記官に伝えてください。同時に,そのままの言語でも意思疎通が可能である場合にはそのことを伝えるとともに,その程度などについても伝えてください。

④Q　被告人から,裁判の見通しについて尋ねられた場合にはどうすればよいですか。

A　「通訳人はそのような質問に答えてはいけないことになっています。弁護人に相談してください。」と答えるべきです。勝手に見通しを告げることはしないでください。

⑤Q　被告人から,家族に手紙を渡してほしいとか,差し

入れをするように家族に頼んでほしいというようなことを頼まれた場合にはどうしたらよいですか。
A 「通訳人はそのようなことをしてはいけないことになっています。弁護人に相談してください。」と答えるべきです。

⑥Q 弁護人から，被告人に差し入れをするよう被告人の家族に頼んでほしいと依頼された場合にはどうしたらよいでしょうか。
A 自分で依頼の適否について判断するのではなく，「裁判所に確認を取ってからでないとできませんので，裁判所に依頼の趣旨を伝え，確認を取ってください。」と言ってください。

⑦Q 被疑者段階での接見に同行した場合と，起訴後の接見に同行した場合とで，留意すべき点に違いはありますか。
A 基本的には，どちらの接見においても留意点に違いはありません。
　ただし，被疑者段階では，事件はまだ裁判所において審理すべき状態にあるわけではないので，裁判官や書記官から具体的な指示を受けることはできません。
　疑問点が生じた場合には，適宜弁護人に相談して，その指示を受けてください。

⑧Q 接見に同行した後に留意すべき事項がありますか。

A　被疑者や被告人には，接見交通権といって，立会人なくして弁護人と接見する権利が認められています。

そして，通訳人は特別に接見に同行することを許されているのですから，接見の際に交わされた被疑者又は被告人と弁護人とのやりとりを外部に漏らすようなことは，絶対に慎んでください。

このことは，裁判官や書記官に対してであっても同じです。

第４章　公判手続

第１節　法廷通訳一般

①Q　通訳をする際には，直接話法（・・・です。）の形で通訳をすべきでしょうか，間接話法（・・・だそうです。）の形で通訳をすべきでしょうか。

A　話者が話した内容で通訳すべきですから，直接話法の形で通訳してください。

②Q　被告人等が発言しない場合には，通訳人から発言するように促すべきでしょうか。

A　通訳人は法廷で自ら発言することは原則的にないと心得ておいてください。特に被告人には，黙秘権がありますから，勝手に発言を促すようなことをしてはいけません。

③Q　連続して行う通訳時間について希望がある場合にはどうしたらよいですか。また，通訳中に休憩を取りたい場合にはどうしたらよいですか。

A　通訳人の方からは，１時間半から２時間くらいで休憩を入れてほしいという意見が多いようです。経験が少ない通訳人の場合には，もっと短い時間で休憩が必要になることも考えられます。要望があれば，事前に書記官に伝えておいてください。また，疲労が激しい場合などには，開廷中であっても書記官にそのことを告げて裁判官に伝えてもらうとよいでしょう。

④Q　被告人から不信感を持たれているなどの問題があると感じた場合には，どうしたらよいですか。

A　信頼関係に問題があると感じる場合には，書記官にそのことを伝えてください。不信感の背景には，例えば被告人が日本の裁判制度を誤解していることが原因になっていることもあります。その場合には，裁判官や弁護人から被告人に対し，日本の裁判制度について説明することになります。

⑤Q　法制度，習慣，文化の異なる被告人の通訳を行うに当たって，配慮すべき事項がありますか。

A　法制度や歴史的背景の違い等から，被告人が通訳人に対し敵対心を持つことや，逆に被告人の言おう

とする本当の意味が分からないことがあると思われます。したがって，法廷通訳を行うに当たっては，語学的な面だけでなく，その国の文化や法制度等を理解するよう日ごろから努めてください。

⑥Q　被告人の陳述について，配慮すべきことがありますか。特に罪状認否についてはどうですか。

　A　裁判所も留意していますが，被告人によっては，陳述の際，一度にたくさん話し出すことがありますので，法廷に入ったらすぐにメモの準備をしておくことなどが必要です。

　　　特に罪状認否は重要な手続ですので，慎重に通訳をする必要があります。被告人がうなずいた場合にも安易に「はい。」と通訳をするようなことは避けてください。

⑦Q　被告人が，弁護人の接見の際と異なることを述べた場合にはどうすればよいですか。

　A　証拠となるのは，公判廷での発言ですから，接見の際の内容にかかわらず忠実に通訳すべきです。この場合には，接見の際の被告人の発言に影響されるようなことがあってはいけません。

⑧Q　書面を事前に交付された場合には，どのようなことに留意したらよいですか。

A　分からない法律用語，読めない地名，人名等がある場合には早めに尋ねておく必要があります。書証の要旨の告知のために証拠等関係カードが交付されている場合には，略語表（１８５ページ参照）で書証の表題を確認しておくとよいでしょう。

ただ，事件の進行によっては，事前に交付された書面の内容が変更されることがありますので，柔軟に対応する必要があります。

第2節　開廷前の準備

開廷前には，裁判官又は書記官と通訳人との間で，その期日に予定された手続を確認するとともに，必要な書類や送付した書類等が手元に届いているかどうか確認することもあります。この際に書類の中に分からない用語がある場合には，説明を求めるとよいでしょう。

なお，通訳人には守秘義務がありますから，これらの書類の取扱いには細心の注意を払ってください。

①Q　開廷前に準備しておく必要のあるものは何ですか。

A　早めに書記官室へ行って（直接法廷に行くように言われる場合もあります。），宣誓書の署名，出頭カードの記載，報酬関係の書類への記載をする必要があります。印鑑を持っている方は，このときに使いますので，印鑑を持参してください。

②Q 開廷前の時間はどのように過ごすとよいでしょうか。
A 早めに法廷に行って,自分の座る位置を確認し,メモや起訴状等の書面を通訳する順序に重ねておくなどの準備をしておくと落ち着いて通訳できるでしょう。
　なお,開廷前に勝手に被告人や被告人の関係者と話をしないようにしてください。

第3節　公判廷での手続

1　通訳人の宣誓等

まず,裁判官が,通訳人が本人であるか否かを確認する手続(人定尋問)を行います。

続いて,宣誓していただきます。宣誓書を手に持って,声を出して読んでください。宣誓する場所については,裁判官の指示に従ってください。

Q 通訳人の宣誓の際に氏名住所等を言いたくない場合にはどうすればよいですか。
A 勾留質問の際と同様,あらかじめ人定事項を記載した書面をもとに,裁判官が「このカードに記載されているとおりですね。」と尋ねるのが一般的です。
　念のため,事前に書記官にその旨を伝えておいてください。

2　被告人に対する宣誓手続等についての説明

裁判官の指示に従って,被告人に対し,自分がこの裁判に

おいて裁判所から通訳を命じられたこと，そして誠実に通訳することを宣誓した旨を告げてください。

なお，これ以降は，着席のまま通訳していただいて差し支えありません。

3　被告人の人定質問

裁判官は，被告人に対して，証言台の前に進み出るよう命じ，氏名，生年月日，国籍，日本における住居及び職業を尋ねます。

4　起訴状朗読

検察官が起訴状記載の公訴事実，罪名及び罰条を朗読します。

なお，性犯罪等の事件については，起訴状に記載されている被害者の氏名や住所などの被害者を特定させる事項を法廷において明らかにしない旨の決定（以下「被害者特定事項の秘匿決定」といいます。）がされることがあります。この場合には，起訴状に記載されている被害者の氏名や住所等は明らかにされず，「被害者に対し」であるとか，「〇〇市内の被害者方において」などと朗読されます。

---

①Q　起訴状につき，外国語に的確な訳語がない場合はどのようにすればよいですか。

　A　起訴状朗読では，起訴状に記載されている内容を忠実に通訳する必要がありますが，中にはぴったりと当てはまる訳語がない場合もあります。そのような場合には，説明を付加して訳さざるを得ないことになります。用語

> の意味内容について不安がある場合には，事前に書記官
> に相談してください。

> ②Q　被害者特定事項の秘匿決定がされた場合には，検察官
> が朗読したとおりに通訳すべきですか。それとも，起訴
> 状に記載されている内容のとおり通訳すべきですか。
> 　A　必ず検察官が朗読したとおりに通訳してください。被
> 告人には，起訴状朗読後に起訴状及び起訴状概要の翻訳
> 文が示されますので，朗読されなかった部分を通訳する
> 必要はありません。

5　黙秘権の告知

　裁判官が被告人に対し，黙秘権を告知します。

6　事件に対する被告人の陳述

　裁判官が被告人に対し，公訴事実についての認否を尋ねます。

7　弁護人の意見

　裁判官が，公訴事実について，弁護人に意見を求めます。これが終わると，被告人は，裁判官の指示で着席します。

8　ワイヤレス通訳システムの利用

　ワイヤレス通訳システムとは，送信機を装着した通訳人が小声で通訳を行い，それを受信機のイヤホンを通じて被告人に伝える装置です。公判廷における日本語での発言のうち，事前に通訳人に書面が交付された手続部分について，日本語での発言に並行して，あらかじめ準備した通訳内容を伝える

形で同時進行的な通訳ができるようにするものです。したがって，このシステムはいわゆる同時通訳とは異なるものです。

これにより，手続を中断することなく，被告人に通訳内容を伝えることができることになるため，審理時間の短縮，ひいては通訳人の負担の軽減を図ることができるとともに，短縮された時間を証人尋問や被告人質問に充てて審理の充実を図ることができます。

このシステムは，法廷では次のように運用されています。
(1) 通訳人が送信機を，被告人が受信機を，それぞれ使用する。
(2) 冒頭陳述，書証の要旨の告知，論告，弁論などのように，検察官又は弁護人があらかじめ準備し，通訳人に交付してあった書面を法廷においてそのまま朗読する手続に使用し，起訴状朗読，証人尋問，被告人質問及び判決宣告には使用しない。

---

①Q ワイヤレス通訳システムを利用する場合に，通訳人として留意すべき事項は何ですか。

A まず，事前に交付された書面の内容を通訳できるように十分に準備をしておく必要があります。

また，被告人がワイヤレス通訳システムの使用を拒んでいるときは，その旨裁判所に伝えてください。

当該機器はささやくような声で話をしても被告人に聞こえるようになっています。できる限り声を落として通訳してください。

②Q　ワイヤレス通訳システムを使用する際には，検察官や弁護人が書面を読む速度に合わせて該当部分を通訳すべきですか。

A　書面の内容を通訳するわけですから，検察官や弁護人が書面を読む速度に合わせる必要はありません。むしろ，被告人に書面の内容を理解させる速度で通訳をすることが重要です。

9　証拠調べ手続

(1)　冒頭陳述

「この裁判で検察官が証拠により証明しようとする事実は，以下のとおりである。」などと告げた後，検察官が冒頭陳述を行います。

なお，公判前整理手続が実施された場合で，弁護側の主張があるときには，検察官の冒頭陳述の後に弁護人の冒頭陳述が行われ，引き続き公判前整理手続の結果を明らかにする手続が行われます（６６ページの参考例参照）。この場合，証拠申請等に関する以下の(2)から(4)の手続は，通常，公判前整理手続の中で既に行われているため，この後は(5)の証拠の取調べが行われることになります。

Q　冒頭陳述は一括して通訳するのでしょうか，それとも一文ごとに区切って通訳するのでしょうか。

A　一括して通訳する場合が多いと思われますが，書面が事前に交付されていないような場合には，一文ごとに通

| 訳をすることもあります。 |

(2) 検察官からの証拠申請

　通常，冒頭陳述に引き続いて検察官が「以上の事実を立証するため証拠等関係カード記載の証拠を申請します。」などと述べます。

(3) 検察官の証拠申請に対する弁護人の意見

　検察官の証拠申請に対して，弁護人が同意，不同意などの意見を述べます。同意，不同意という言葉は通常の日本語の意味とは異なる意味を持つものですから，その意味をしっかりと理解しておく必要があります。

　また，この際に具体的な事実を示して，信用性がないとか，違法収集証拠であるというような主張がされることもありますので，メモを取る準備をしておく必要があります。

(4) 裁判所の証拠採否（証拠を採用するか却下するか）の決定

　弁護人の同意がない限り，原則として証拠書類については，証拠調べをすることはできません。裁判所は，弁護人が同意した証拠書類について，必要性や相当性を判断した上，証拠として取り調べることを決定します。弁護人が不同意とした証拠については，それに代えて，証人尋問の請求がされることもあります。

(5) 採用された証拠の取調べ

　ア　証拠書類の内容の要旨の告知（又は朗読）

　　交付された証拠等関係カードのうち採用された証拠書

類については，検察官が要旨を告知（又は朗読）するので，その順に，その内容を通訳してください。

イ　証拠物の展示

証拠物の取調べは，検察官が採用された証拠物を法廷で示すことによって行いますが，このとき被告人に対する質問をする場合があります。すなわち，被告人が，裁判官の指示により証言台に進み出た後，検察官は被告人に対し，「検察官請求証拠番号○○番の・・・・を示す。」と述べ，「あなたは，この・・・・に見覚えがありますか。これはあなたの物ですか。」などと質問します。

(6)　証人尋問

ア　証人の宣誓及び虚偽の証言に対する注意

証人が宣誓した後，裁判官から証人に対して，虚偽の証言をすると偽証罪で処罰される旨の告知があります。

イ　通訳の方法

(ア)　外国語を使用する証人の場合

a　被告人と同じ言語の場合

日本語の尋問→通訳→証人の供述→通訳の順に行います。

b　被告人と異なる言語の場合（次の２通りがあります。）

(a)　日本語の尋問→証人に対する尋問の通訳→被告人のための尋問の通訳→証人の供述→日本語への通訳→被告人のための供述の通訳の順に行う方法

(b)　日本語の尋問→証人に対する尋問の通訳→証人の供述→日本語への通訳→被告人のための尋問と供述の通訳の順に行う方法

(a)の方法が原則ですが，この方法では，通訳の間に，証人が質問の内容を忘れてしまうことなどもありますので，これに代えて，(b)の方法を採ることもあります。

(イ)　日本語を使用する証人の場合（次の2通りがあります。）

a　日本語の尋問→通訳→証人の供述→通訳の順に行う方法

b　日本語の尋問→証人の供述→尋問と供述の通訳を行う方法

aの方法が原則ですが，前記(ア)bと同じ理由でbの方法を採ることも多いようです。

なお，情状証人の場合には，ある程度尋問と供述を続けた後，裁判官が通訳人に供述の要旨を告知し，まとめて通訳してもらうこともあります。

ウ　証人の不安や緊張等を緩和するための措置

犯罪によって被害を受けた方等が証人として証言する場合，不安や緊張を緩和するため，次のような措置をとることが認められています。

(ア)　証言をする際，家族等に付き添ってもらうことができます（付添い）。

(イ)　証人と被告人や傍聴席との間につい立てなどを置

き,被告人や傍聴席の視線を気にせず証言することができます(遮へい)。

(ｳ) 事件によっては,法廷とテレビ回線で結ばれた別室で証言することもできます(ビデオリンク)。

なお,遮へいの措置をとった際に,被告人の様子が見えにくく,通訳をするに当たって支障がある場合には,裁判官に申し出てください。被告人の着席位置を変更したり,つい立ての位置を調整するなど,裁判官が適宜判断し,対処することになります。

①Q　質問とそれに対する答えがちぐはぐになった場合には,答えをそのまま訳すべきですか,それとも,もう一度聞き直すべきですか。
　A　ちぐはぐのまま通訳してください。気になるようなら裁判官に,「かみ合っていませんけれども通訳としてはそのまま伝えます。」と告げるとよいでしょう。

②Q　質問の意味が不明瞭であったり,同音異義語でどちらの意味かはっきりしないような場合にはどうすればよいのですか。
　A　裁判官の許可を得て確認すべきです。

③Q　証人の発言等について,重要でないと思われる部分については通訳を省略してよいですか。

A　省略してはいけません。できる限り忠実に通訳してください。一部を省略したり内容をまとめたりすることはしないでください。

④Q　証人尋問の通訳を行う際には，どのような態度で行えばよいですか。
　A　証人に対して中立な立場で接し，その証言等に対して，仮に不信や同情等を感じても，表情に出さないようにしてください。

⑤Q　証人があいまいな返事をしたり，証言をしている途中で，言い直しをした場合には，どのように通訳すべきですか。
　A　そのまま通訳をすべきです。内容を明確にさせるためや供述の矛盾を整理するため聞き直して供述を引き出したり，通訳人が勝手に解釈して断定的な通訳をしてはいけません。

⑥Q　証人の答えが長すぎて通訳しにくい場合には，どうしたらよいですか。
　A　手を上げるなどして，裁判官に答えが長すぎて通訳しにくいことを伝えてください。そうすれば，裁判官が答えを一文ずつ区切って通訳するように指示したり，尋問者に対して問いを工夫してもらうよう指示するなど，適宜判断し，対応してくれます。

⑦Q　証言の内容が高度に専門的,技術的であるなどの理由により,そのまま通訳をすることに無理があると感じた場合には,どうしたらよいですか。

　A　直ちにそのことを裁判官に告げてください。分かる部分だけを通訳するようなことは,しないでください。

　　可能であれば平易な内容に証言をし直してもらうなどの措置を採ることになります。

⑧Q　証人との間で,アクセントや方言のためにコミュニケーションが取りづらいときには,どうしたらよいですか。

　A　直ちにそのことを裁判官に告げて,指示を待ってください。程度にもよりますが,ゆっくり証言させたり,繰り返し証言することにより手当てができるのであれば,そのような方法を採ることになります。

⑨Q　通訳をする際には,発言者の表現を忠実に再現するべきですか。

　A　発言者と同じ表現を使ってください。例えば丁寧語を用いるなどして表現方法を改めるようなことはしないでください。

⑩Q　証言の途中で,例えば大きさや高さや量を示すために,証人が身振り手振りをした場合には,身振り

手振りも含めて通訳すべきですか。
A　言葉だけを通訳すればよく，身振り等を繰り返す必要はありません。

⑪Q　答えが聞き取れないなどの理由により，答えを繰り返してほしいと思ったときはどうすべきですか。
A　裁判官に，「聞き取れませんでしたので，証人に答えを繰り返すように頼んでもいいですか。」と断ってから頼んでください。

⑫Q　尋問に対して異議が出された場合には，どのようにしたらよいですか。
A　異議に対する意見，判断などの一連のやりとりを逐一通訳するのか，あるいは，やりとりが終わった後に裁判官が通訳すべき範囲をまとめて，それに従って通訳するのかなど，裁判官の指示に従って対応してください。ただ，一連のやりとりは，メモに取っておくとよいでしょう。

⑬Q　証言中の語句，言い回し等を理解できない場合や，通訳できない場合にはどうしたらよいですか。
A　証言の繰り返しや別の言葉での表現を頼んでよいかについて裁判官の許可を得てください。

⑭Q　証人等が人数や性別がはっきりしない代名詞を使った場合には，どうしたらよいですか。

A　そのために完全な通訳ができないことを裁判官に告げて，その部分をはっきりさせるように質問してよいかどうかの許可を得てください。

⑮Q　質問者が名前や数字を間違って質問している場合でもそのまま通訳すべきですか。
A　そのまま通訳すべきです。誤りの指摘や訂正についても裁判官や検察官，弁護人に任せてください。
　　ただ，明らかに誤解に基づく場合で，だれも気が付いていないと思われるときには，その旨を裁判官に指摘してください。

⑯Q　通訳に関し，正確性について疑問がある旨の指摘を受けた場合にはどうしたらよいですか。
A　裁判官の指示を待ってください。裁判官の許可があるまで，正確性について自分の意見を述べるのは差し控えてください。通常，裁判官は，問題とされた供述等を引き出す発問からやり直してもらい，あるいは発問の仕方を変えて平易な表現でその点を聞き直させることにより処理する場合が多いと思われます。

⑰Q　質問や発言の中に寸法や重量，外国通貨の量が含まれている場合には，日本のそれらのものに換算すべきですか。

A　自分で換算する必要はありません。換算は,基本的には裁判官,検察官又は弁護人が行います。

　　暦についても一度そのまま通訳してください。その後,換算に関するやりとりがあった場合にはそれを通訳し,また,裁判官から西暦等に換算した上で通訳するように指示された場合には,それに従ってください。

⑱Q　図面を利用した尋問等の場合に,留意する事項は何ですか。
　A　被告人が「ここ。」とか「あそこ。」と発言した場合でもそのとおり通訳する必要があります。また,複雑な尋問の場合には,書記官に頼んで図面の写しを準備してもらうとよいでしょう。

⑲Q　仲間うちでだけ用いられる特殊な用語が使用された場合には,通常の言葉に直して通訳すべきですか。
　A　そのまま通訳する必要があります。そして,必要があれば裁判官等が続けて質問しますので,それを待つべきです。

⑳Q　鑑定証人の尋問の場合に留意すべき事項は何ですか。
　A　難しい専門用語を通訳する必要がありますので,あらかじめ尋問の際に使用すると思われる用語につ

いては調べておく必要があります。また，尋問の中に理解できない言葉がある場合には，遠慮なく申し出てください。専門用語を調べる時間が必要な場合には，その旨申し出てもよいでしょう。

10 被告人質問

被告人は，宣誓することはありません。なお，通訳は，日本語の質問→通訳→被告人の供述→通訳の順序で行うのが一般的です。

①Q 被告人が質問の内容を理解していないと思われる場合にはどうしたらよいですか。
A 通訳人の判断で被告人に説明したりせず，よく理解できていないということを裁判官に告げてください。

②Q 被告人が個人的に話しかけてきた場合にはどうすべきですか。
A 会話に応じないで，身振りなどで，会話はできないことを示してください。実際に話しかけられた場合は，その内容を裁判官に伝えてください。

11 論告

検察官の事件に関する最終的な意見が述べられます。検察官から事前に「論告要旨」と題する書面（ただし，求刑部分を空欄としたもの）が交付されるのが一般的です。書面が交

付されている場合には，検察官の意見陳述後に，この書面に基づいて通訳してください。また，この場合には，ワイヤレス通訳システムを利用することが多いと思われます。

なお，被告人が求刑の意味を理解していない場合には，裁判官が補足説明をすることがあり，その場合には，それを通訳することになります。

Q　論告の際に留意する事項は何ですか。
A　求刑は，あくまでも検察官の意見ですが，判決を宣告されたと誤解する被告人も多いです。通訳人の方もこの点についてはよく理解しておいてください。

　なお，論告要旨が事前に交付される場合でも，求刑のところは空欄になっている場合がほとんどです。したがって，求刑についてはその場で検察官が述べた内容を正確に聞き取り，通訳するようにしてください。聞き漏らした場合には，検察官に確認してください。

12　弁護人による弁論

弁護人の事件に関する最終的な意見が述べられます。弁護人からあらかじめ「弁論要旨」又は「弁論メモ」と題する書面が通訳人に交付され，通訳はこれに基づいて行うのが一般的です。弁論要旨等を事前に交付してある場合には，ワイヤレス通訳システムを使用することが多いと思われます。

弁護人が，弁論要旨等を事前に準備していないときは，弁護人は通訳できるよう適当な範囲で区切って弁論し，通訳人

は順次通訳する運用になることが多いと思われます。

> Q ワイヤレス通訳システムを使用する論告・弁論の手続で，検察官が被告人の弁解内容に対応して，事前に交付した論告要旨の書面の内容を一部訂正，追加したり，弁護人が論告の内容に対応して弁論要旨の内容を同様に変更した場合にはどうしたらよいですか。
>
> A 検察官又は弁護人が訂正，追加した部分を通訳人に指摘しますので，それに基づいて通訳することになります。

13　被告人の最終陳述

裁判官が，被告人に対し，「これで審理を終えますが，最後に何か言いたいことがありますか。」などと尋ねます。被告人は，証言台に進み出て陳述する場合がありますので，その内容を通訳してください。

14　次回期日の指定

裁判官が次回期日を指定しますので，その期日と，次回期日に何を行うかについて，裁判官の説明したことを通訳してください。被告人の最終陳述が終わっていれば，次回期日には判決が言い渡されることになります。

続行期日，判決宣告期日を指定する際には，通訳人と調整して期日を指定することになります。特に，継続して開廷する場合には，通訳人との関係で期日を一括指定することもありますから，自分の都合を何か月か先まで正確に把握しておく必要があります。

15　判決宣告の手続

判決宣告の手続については，法廷通訳参考例（８４ページ）を参考にしてください。

判決書の内容は事前に外部に漏れると困りますので，当日までは見ることができません。ただ，判決を正確に通訳できるようにするため，通訳人用の判決要旨，判決写しを作成し，裁判所によっては，これを判決宣告期日の開廷１０分ないし３０分くらい前に通訳人に交付し，事前に目を通してもらうといった運用もされています。この場合に，判決要旨等を交付した後は書記官室から出ないようにしてもらっているようです。裁判所がどのような方法を採っているのかを確認するとよいでしょう。また，判決の要旨等がないと通訳に不安がある場合には，あらかじめ書記官にその旨を申し出るとよいでしょう。

いずれにしても，判決宣告期日には少し余裕をもって裁判所に行くとよいでしょう。

なお，判決宣告手続にはワイヤレス通訳システムは使用しない取扱いです。

①Q　判決宣告期日の公判に要する時間は，どれくらいを予定しておけばよいですか。

A　事件によって異なりますので，裁判官にどの程度時間を取っておけばよいか確認してください。

一般的には，被告人が否認している事件は，自白事件よりも時間を要することになります。

さらに，判決宣告期日に弁論を再開して証拠調べ等を行うこともありますので，注意してください。

②Q　執行猶予の説明を通訳する際に留意すべき事項は何ですか。

A　執行猶予の説明は，被告人には分かりにくい面がありますので，裁判官もできるだけ分かりやすい説明をするように心掛けています（８６ページの参考例参照)。それでも被告人が理解していないと思われる場合には，裁判官にそのことを告げてください。

③Q　未決勾留日数の刑への算入の説明を通訳する際に留意すべき事項は何ですか。

A　未決勾留日数の刑への算入の説明も被告人には分かりにくいようですので，裁判官は分かりやすい説明を心掛けています（８６ページの参考例参照)。通訳人においても書記官に尋ねるなどして内容をよく理解しておいてください。

16　上訴期間等の告知

有罪の判決の場合には，裁判官は被告人に対して上訴期間及び上訴申立書を差し出すべき裁判所を告知します。

17　即決裁判手続

即決裁判手続とは，争いのない明白軽微な一定の事件について，検察官からの申立てにより，裁判所が決定に基づいて

行う手続です。この手続には，①起訴されてから公判期日までの期間が短いこと(できる限り,起訴後14日以内の日に公判期日を指定することとされています。)，②一般の公判手続と比べ，簡略な方法で証拠調べが行われること，③原則として，即日判決が言い渡され，その判決において懲役又は禁錮の言渡しをする場合には，必ずその刑の執行が猶予されることなどの特徴があります。

> Q　即決裁判手続において留意すべき事項は何ですか。
> A　通常の事件と比べ，起訴されてから公判期日までの期間が短いことから，事案によっては，通訳の依頼が期日の直近になることがあります。その場合には，御協力をお願いします。
> 　また，公判期日において交わされるやりとりについて，通常の手続とは一部異なる部分があります（76ページの参考例参照）。このほか，原則として即日判決が言い渡されるため，判決宣告の通訳の準備をどうするのかを含め，あらかじめ書記官等に手続の流れを確認しておくとよいと思われます。

第4節　裁判員裁判

　裁判員裁判においては，一般の国民の中から選ばれた裁判員が裁判官とともに審理に参加することから，その審理は集中的・連日的に行われます。これを可能とするために，すべての事件において必ず公判前整理手続が実施され，こ

の中で事前に争点や証拠の整理等が行われます。

　また，法廷での審理内容を裁判員にも分かりやすいものにするため，法廷内で使用される法律用語は，一般の人にも分かるような言葉に言い換えられたり，冒頭陳述等においてプレゼンテーションソフトが用いられる例もあります。さらに，証拠調べにおいても，供述調書等は全文朗読又は限りなくこれに近い要旨の告知の方法によって取り調べられているほか，証人に法廷で直接証言してもらうことも増えています。なお，プレゼンテーションソフトが用いられる場合には，示された文書や画像などの内容をスムーズに通訳することができるように，事前に裁判所や訴訟関係人と打合せをしておくとよいでしょう。

①Q　連日的開廷が行われる場合，通訳人の負担はかなり重くなるのではないでしょうか。
　A　裁判員裁判における尋問は，従来よりも争点に即した，簡にして要を得たものとなりますし，また，裁判員の疲労や負担にも配慮して，これまでよりも頻繁に，相応の時間の休憩が取られることになります。したがって，一概に通訳人の負担が重くなるということはありません。

②Q　裁判員裁判を担当するにあたり，事前に裁判所と打合せをしておく必要はありますか。
　A　連日的開廷により，肉体的，精神的疲労が蓄積して

> 一人で通訳をすることが困難と予想される場合や，日程の都合がつかず，一部の期日に出頭できない場合などには，事前に裁判所に申し出てください。審理中の休憩の取り方や，場合によっては，通訳人を複数選任することなどについて，裁判所が，通訳人の意向も考慮しつつ，個別に判断させていただくことになります。

> ③Q　公判期日までの準備事項で，これまでと異なる点はありますか。
>
> A　裁判員裁判では，供述調書等は全文朗読又は限りなくこれに近い要旨の告知の方法によって取り調べられることになります。その通訳の準備のため，あらかじめ訴訟関係人から通訳人に資料が交付されることがありますので，それを基に準備しておくとよいでしょう。受け取った書類については，絶対に他人の目に触れることのないよう細心の注意を払うようにしてください。

第5節　被害者参加

　殺人，傷害，自動車運転過失致死傷等の一定の刑事事件の被害者や遺族の方等が，裁判所の許可を得て，被害者参加人として刑事裁判に参加し，検察官との間で密接なコミュニケーションを保ちつつ，一定の要件の下で，公判期日に出席するとともに，証人尋問，被告人質問及び事実又は法律の適用についての意見の陳述を行うことができる制度

です。

　なお，被害者参加人が日本語に通じない場合にも，通訳をお願いすることになります。

①Q　被害者参加人が発言するのは，具体的にはどのような場面ですか。
　A　情状に関する証人の供述の証明力を争うために必要な事項について証人を尋問する場面，被害者参加人が意見を述べるため必要と認められる場合に被告人に質問をする場面，事実又は法律の適用について意見を述べる場面などがあげられます。なお，被害者参加人が出席する際にも，付添い，遮へいの措置が認められています（２７ページ９(6)証人尋問ウ(ｱ)(ｲ)参照）。

②Q　被害者参加人が意見陳述を行う場合，どのように通訳をすればよいですか。
　A　一文ずつ区切って通訳を行うか，陳述後にまとめて通訳を行うかなど，通訳の方法については，あらかじめ裁判所と相談しておくとよいでしょう。なお，意見陳述が長くなる場合には，被害者参加人が事前に準備していた読み上げ書面に基づいて通訳をしていただく場合もあります。

③Q　被告人から，どうして被害者等が法廷に立ち会っているのかと尋ねられた場合，どのように対応すればい

いですか。

A そのような場合には，通訳人の判断で被告人に説明したりせず，裁判官に対してその旨を伝え，指示に従ってください。

第5章 その他の留意事項

①Q 判決宣告直後に，弁護人から，被告人に判決の内容やその後の手続について説明をするための通訳を依頼された場合はどうしたらよいですか。

A そのような説明が必要となる場合もありますので，依頼された場合にはよろしくお願いします。

②Q 弁護人以外の者から，被告人と接見等をする際の通訳を依頼された場合にはどうしたらよいですか。

A 公正さに疑いを持たれる行為ですから，断ってください。

③Q 弁護人から上申書等の翻訳を依頼された場合にはどうしたらよいですか。また，その場合の報酬はどのようになりますか。

A 弁護活動を行う際に使用される一定の書面について，国選弁護人からの依頼に基づいて翻訳を行った場合には，弁護人から報酬の支払を受けることができます。依頼を引き受けるに当たっては，事前に報酬等につい

て弁護人から説明を受けておくとよいでしょう。

④Q　通訳費用の負担について被告人から尋ねられたらどうしたらよいですか。
　A　弁護人に尋ねるよう告げてください。ちなみに通訳にかかった費用については，裁判実務では被告人に負担させない運用が定着しています。

⑤Q　判決宣告により終了した事件の関係書類はどうしたらよいですか。
　A　まず，判決要旨は，宣告後すぐに裁判所に返還してください。その他の書類については，裁判所から返還を求められなければ，処分して差し支えありませんが，書類が他人の目に触れないように，処分方法には十分に注意してください。

第２編

控訴審における刑事手続の概要

第2編

塩害環境における鉄筋腐食の機構

第2編 控訴審における刑事手続の概要

第1章 控訴審とは

1 上訴制度

上訴とは，未確定の裁判に対して，上級裁判所の審判による救済を求める不服申立ての制度です。

第一審の判決に不服がある場合には，訴訟当事者は，事実誤認，訴訟手続の法令違反，法令適用の誤り，量刑不当などを理由として，高等裁判所に対して上訴（控訴といいます。）することができます。控訴審の裁判所は，第一審が地方裁判所又は簡易裁判所のいかんにかかわらず高等裁判所です。控訴審では合議体で裁判を行います。

控訴審の判決に不服がある場合には，最高裁判所に上訴（上告といいます。）することができます。

2 控訴審の役割

控訴審では，申立人の指摘する控訴理由を中心に，第一審判決の当否を審査することが直接の目的とされます。審理の結果，第一審判決を維持すべきであれば控訴棄却，第一審判決を取り消す必要があれば原判決破棄となります。原判決破棄の場合には，第一審裁判所に事件を差し戻し，又は移送するときと，控訴審の裁判所が自ら事件について判決をし直すときとがあります。

第2章 控訴の申立て等

1　控訴の提起期間

控訴の申立てのできる期間は，１４日以内と規定されています。この期間は，第一審判決の宣告のあった日の翌日から起算されます。

2　申立ての方式

第一審の判決（原判決ともいいます。）に対して控訴する場合には，当事者は控訴申立書を第一審の裁判所（原裁判所ともいいます。）に提出して行います。

控訴の申立てがあったとき，第一審裁判所は，速やかに訴訟記録及び証拠物を控訴裁判所に送付します。

3　上訴の放棄

上訴の放棄とは，上訴の提起期間満了前に，上訴する権利を放棄することですが，死刑，無期懲役及び無期禁錮のような重大な刑に処せられた判決に対しては上訴を放棄することはできません。

なお，上訴を放棄した者は，上訴の提起期間内であっても更に上訴を提起することはできません。

4　上訴の取下げ

上訴の取下げは，上訴審の判決があるまですることができます。

なお，上訴を取り下げた者は，上訴の提起期間内であっても更に上訴を提起することはできません。

第３章　控訴審の手続

第１節　控訴審の第１回公判期日までの手続

1 弁護人選任に関する手続

　弁護人は審級ごとに選任しなければなりません。したがって，第一審において弁護人を選任していた場合であっても，控訴を申し立てた被告人は，控訴審でも弁護人を選任しようとする場合には，改めて裁判所に弁護人選任書を提出しなければなりません。裁判所の行う弁護人選任照会，国選弁護人選任の手続等については第一審の場合と同様です。照会書については，高等裁判所の依頼に基づいて，第一審裁判所において送付するという取扱いが実務においてされています。

2 通訳人の選任に関する手続

　通訳人の選任については，第一審の場合と同様です。

3 被告人の移送

　控訴審において，被告人が勾留されている事件の公判期日を指定するときは，その旨を検察官に通知しなければなりません。通知を受けた検察官は，被告人の身柄を，速やかに控訴審裁判所の所在地にある拘置所に移送します。

　これは，被告人が控訴審の公判に備えて，弁護人との打合せ等の準備をしたり，自ら公判廷に出頭したりする際の便宜等のためです。

4 控訴趣意書の提出

　控訴趣意書とは，控訴の申立てをした者が控訴審に対して自己の主張である控訴理由を簡潔に指摘した書面です。控訴趣意書は，被告人自身で書いて差し出すことも法律上はできますが，通常は，弁護人が被告人のために作成して差し出しています。

なお，控訴の申立ての理由は，控訴趣意書に記載すればよく，必ずしも控訴申立書に記載する必要はありません。

控訴審裁判所は，控訴趣意書を受け取ったときは，速やかにその謄本を相手方に送達しなければなりません。

＊控訴理由の限定

控訴の理由は，刑訴法に定められており，それ以外の事由を控訴理由とすることはできません。控訴の理由としては量刑不当が最も多く，事実誤認がこれに次ぎ，訴訟手続の法令違反,法令の適用の誤りもよく見られます。

＊控訴趣意書差出最終日の指定

裁判所は，控訴趣意書につき，期間を定めて提出を促します。その期間は，控訴趣意書差出最終日指定通知書を控訴申立人に送付することによって通知します。

5 答弁書の提出

答弁書は，控訴趣意書に対する相手方の意見を記載したもので，書面により控訴審裁判所に差し出すものです。

6 第1回公判期日の指定と被告人の召喚

控訴審においては，被告人は，裁判所が特に出頭を命じた場合以外は公判期日に出頭する義務はありません。しかし，公判期日に出頭し，自ら防御権を行使する権利は保障する必要がありますので，期日が指定されたときは，実務上，被告人に対して公判期日召喚状による召喚の手続がとられています。実際にも，被告人が出頭するケースが圧倒的に多いとされています。

＊被告人に対する出頭命令

裁判所は，５０万円以下の罰金又は科料に当たる事件以外の事件について，被告人の出頭がその権利の保護のため重要であると認めるときは，被告人の出頭を命ずることができます。この出頭命令があると，被告人は，公判期日に出頭する義務が課せられることになります。

第2節　控訴審における公判審理

1　概要

控訴審の公判審理は，まず第１回公判期日で，控訴を申し立てた当事者から控訴趣意書に基づく弁論がなされ，これに対する相手方の答弁があります。必要がある場合は請求又は職権により事実の取調べが実施されます。

事実の取調べが終了すると，当事者の請求により事実の取調べの結果に基づき弁論をすることができます。

弁論が終結されると，判決宣告期日が指定されて，その期日に判決が宣告されます。

＊被告人の弁論能力の制限

裁判所が被告人質問を採用したときには，被告人は訴訟関係人の質問に対して任意の供述はできますが，弁論をすることはできないとされています。したがって，被告人のためにする弁論は，弁護人でなければこれをすることができません。

2　公判期日の手続の流れ

(1)　通訳人の人定尋問と宣誓

第一審と同様の手続で行われます。

(2)　被告人の人定質問

控訴審では,人定質問は必要的なものではなく,出頭した場合でも適宜の方法で人違いでないことを調べれば足りるとされています。実務では,被告人が出頭したときは,人定質問がなされるのが通例です。なお,控訴審でも「被告人」と呼ばれることは第一審と同じです。

人定質問がされる場合は,第一審と同様に,裁判長が被告人に対し,氏名,生年月日,国籍,日本における住居及び職業を尋ねます。

＊黙秘権の告知

　　控訴審では,黙秘権の告知は必要的ではありませんが,行われることもあります。また,事実の取調べとして被告人質問をする場合に,その実施前に告知することもあります。

(3) 控訴趣意書に基づく弁論

検察官及び弁護人は,控訴趣意書に基づいて弁論しなければならないとされています。控訴趣意書に記載した事項を基礎としてそれに関連する事項を説明したりすることや,控訴趣意書の範囲内であれば,期間経過後に提出された控訴趣意補充書あるいは控訴趣意補正書等に基づく弁論をすることも許されているのが実務の取扱いです。控訴趣意書の範囲を逸脱したり,趣意書に記載のない新しい主張を付加したりすることは許されません。

被告人側が控訴を申し立てた場合に,被告人が自ら控訴趣意書を書いて提出することがありますが,被告人には弁論能力がありませんので,弁護人がその判断で被告人提出

の控訴趣意書をも含めて弁論をすることになります。

控訴趣意書に基づく弁論は、弁護人と被告人との間の打合せにより被告人に控訴趣意書の内容があらかじめ伝わっている場合には、「控訴趣意書記載のとおり」として行われることがほとんどです。被告人に内容が伝わっていない場合などは、弁護人が必要に応じて控訴趣意書の内容を要約したり、自ら要旨を作成して、それに基づき述べたりします。

(4) 控訴趣意書に対する相手方の意見（答弁）

控訴の申立ての相手方は、答弁書に基づき、又は答弁書の提出がないときは口頭で、控訴申立人の控訴趣意書の内容に反論する弁論をします。

被告人控訴の場合に、事前に検察官から答弁書が提出されている場合には、「答弁書記載のとおり」として答弁することがほとんどです。答弁書が提出されていない場合には、検察官が口頭で「本件控訴は理由がないので、棄却されるべきである。」などと答弁することになります。

(5) 事実の取調べ

控訴審の審査は、控訴理由の有無の調査という形で行われますが、事実の取調べはその調査の一方法です。控訴趣意書に包含された事項についての調査は、義務的に行われますが、事実の取調べはその調査に必要な場合に制限されています。

事実の取調べとしては、第一審における証拠調べの方法にのっとり、証人尋問、検証、鑑定、被告人質問あるいは

書証の取調べなどが行われることになります。

このほか、審理の過程で訴因等が変更される場合もあります。
(6) 事実の取調べの結果に基づく弁論

事実の取調べをしたときは、検察官及び弁護人は、その結果に基づいた弁論をすることができますが、任意的なものです。そして、この弁論は、事実の取調べの結果、控訴理由の存否につき意見をふえんする必要がある場合にその点に限って認められるものです。したがって、事件全般についての意見を陳述する第一審のいわゆる論告や弁論とは性質を異にします。

なお、被告人には弁論能力がないので、事実の取調べの結果に基づく弁論を認めず、その最終陳述も認めない扱いが実務の大勢です。
(7) 次回公判期日の指定・告知

3 判決宣告期日

判決宣告・上訴期間等の告知

（判決主文例については９８ページ、判決理由の例については１１８ページ参照）

＊被告人の収容

第一審判決で禁錮以上の刑の言渡しがされている場合に、控訴棄却の判決があると、保釈又は勾留の執行停止はその効力を失い、新たな保釈又は執行停止がない限り、被告人の身柄については、収容の手続がとられることになります。ただし、控訴審では直ちに収容の手続をとら

ないのが通例です。

第３編

法廷通訳参考例

第3章

溶媒抽出系

第3編　法廷通訳参考例

ここでは，刑事裁判における具体的なやりとりの例を取り上げ，通訳の参考例を対訳の形で収録しています。第1編，第2編の刑事裁判手続の説明と合わせて活用してください。

概要目次

අන්තර්ගතය

第1章　勾留質問手続 ………… 56

අධිචෝදනා පූර්ව රඳවා තැබීමේ නඩුව ඇසීම

第2章　公判手続 ………… 62

නඩු විභාග කාරය පටිපාටිය

第3章　第一審における判決主文の例 ………… 88

පළමු අවස්ථා උසාවියේ නඩු තීන්දු පිළිබඳ නිදර්ශන

第4章　控訴審における判決主文の例 ………… 98

කොසෝ අභියාචන උසාවියේ නඩු තීන්දු පිළිබඳ නිදර්ශන

第5章　第一審における判決理由 ………… 100

පළමු අවශ්ථා උසාවියේ නඩු තීන්දු සඳහා පදනම

第6章　控訴審における判決理由 ………… 118

කොසෝ අභියාචන උසාවියේ නඩු තීන්දු සඳහා පදනම

第1章　勾留質問手続
1　前置き
　　（裁）　私は，○○地方裁判所の裁判官です。検察官から勾留請求といって，引き続いてあなたを留置してほしいという請求がありました。そこで，これからあなたを勾留するかどうかを決めるために，あなたに対して被疑事実を告げ，それに関するあなたの陳述を聴くことにします。その前にいくつかの注意及び説明をします。
2　黙秘権の告知
　　（裁）　まず第一に，あなたには黙秘権があります。私の質問に対し，始めから終わりまで黙っていてもいいし，個々の質問に対して答えを拒むこともできます。答えないからといって，それだけで不利益な扱いを受けることはありません。
3　弁護人選任権の告知
　　（裁）　第二に，あなたは自分の費用で弁護人を選任する権利があります。弁護人を選任したいけれども，弁護人の心当たりがないという場合には，弁護士会を通じて選任する方法があります。そのような申出があれば，裁判所から弁護士会に通知しますから，希望する場合は遠慮なく言ってください。
　　（被疑者国選弁護対象事件の場合）
　　　　あなたが経済的な理由などで自分の費用で弁護人を選任することができないときは，裁判官に弁護人の選

1. **අධිචෝදනා පූර්ව රඳවා තැබීමේ නඩුව ඇසීම**

1. හැඳින්වීම

(වි) මම XXX උසාවියේ විනිශ්චකාරයෙක් වෙමි. යුශ්මතා අධිචෝදනා පූර්ව රඳවා තැබීම සඳහා, රාජ්‍ය චෝදක, මෙම උසාවියට ඉල්ලුම් කර ඇත. මා, චෝදනා කර ඇති කරුණු කියවන අතර ඉන්පසු යුශ්මතාට චෝදනා පිළිබඳ ඕනෑම අදහසක් දැක්විය හැකිය. කෙසේ නමුත්, ප්‍රථමයෙන් ඔබට යම් අවවාද හෝ තොරතුරු දීමට කැමැත්තෙමි.

2. නිහඬව සිටීමට අයිතිය

(වි) පළමුව, යුශ්මතාට නිහඬව සිටීමේ අයිතිය ඇත. යුශ්මතාට මගේ ප්‍රශ්ණ කිරීම පුරා නිහඬව සිටීමට, හෝ තනි ප්‍රශ්ණවලට පිළිතුරු දීම ප්‍රතික්ෂේප කිරීමට හැකිය. නිහඬව සිටීම හෝ මගේ ප්‍රශ්ණ වලට පිළිතුරු දීම ප්‍රතික්ෂේප කිරීම යුශ්මතාගේ අවාසියට හේතු නොවනු ඇත.

3. නීතිඥ සහයට ඇති අයිතිය

(වි) දෙවනුව, යුශ්මතාගේම වියදමින් යුශ්මතාට විත්තියේ නීතිඥයකු තබාගැනීමට අයිතිය ඇත. නීතිඥයකු තබාගැනීමට යුශ්මතා තීරණය කළාට පසුව, විත්තියේ නීතිඥයකු පිළිබඳව යුශ්මතාට කිසියම් තොරතුරක් නැත්නම්, යුශ්මතා වෙනුවෙන් පෙනී සිටීම සඳහා, උසාවියට නීතිඥ සංගමයේ මාර්ගයෙන් උදව් කළ හැකිය. ඉල්ලීමක් කලහොත්, යුශ්මතාගේ ඉල්ලීම පරිදි නීතිඥ සංගමයට දන්වනු ඇත.

(සැකකරුට උසාවිය මගින් පත්කරනු ලබන විත්තියේ නීතිඥයකුගේ සහය ලබා ගැනීම සඳහා ඉල්ලුම් කල හැකියාව ඇත්තේ)

යුශ්මතාට තමාගේම වියදමින් නම් කරනු ලබන නීතිඥයකුගේ සහය ලබා ගැනීම, ආර්ථික හෝ වෙනත් සාධක නිසා අපහසු වන්නේනම්,එවැනි අවස්ථාවකදී, යුශ්මතාට උසාවියෙන් පත්කරනු ලබන නීතිඥයකුගේ සහය ලබාගැනීමට

任を請求することができます。この請求をする場合には，資力申告書を提出しなければなりません。また，資力申告書の資力の合計額が５０万円以上の場合には，あらかじめ，○○弁護士会に弁護人の選任の申出をしていなければなりません。

4　勾留の要件の説明

（裁）　あなたに，罪を犯したと疑うに足りる相当な理由があり，かつ，住居が不定であるか，証拠を隠滅したり逃亡したりすることを疑うに足りる相当な理由がある場合には，勾留されることになるかもしれません。

5　勾留の期間の説明

（裁）　勾留される期間は，原則として１０日間です。しかし，場合によっては，１０日たつ前に釈放されることもありますし，更に１０日以内の日数勾留が延長されることもあります。

6　被疑事実の告知

（裁）　それでは，勾留請求の理由となっている犯罪事実を読むのでよく聞いてください。その後で，これに対して言いたいことがあったら述べてください。

「被疑者は，平成○○年１０月１０日午後6時５０分ころ，○○市丸山町１番１号所在の株式会社甲百貨店（代表取締役甲野太郎）本店３階貴金属売場において，同社所有のダイヤモンド指輪１個（時価３００万円相当）を自己の背広の内側ポケットに入れて窃取したものである。」

ඉල්ලීමක් කල හැකිය. එවැනි ඉල්ලීමක් කිරීමට අවශ්‍ය වන්නේනම්, යුශ්මතා පලමුකොට තමාගේ මුල්‍ය සම්පත් පලිබඳ වාර්තාවක් ඉදිරිපත් කල යුතුයි. තමාට තම සන්තක මුල්‍ය සම්පත් ප්‍රමාණය මුලු ගණන යෙන් 500000 ක් හෝ එයට වඩා තිබේනම්, පලමුකොට XXX නිතීඥ සංගමයට එවැනි නීතීඥයකු පත්කරන ලෙස ඉල්ලීමක් කල යුතුයි.

4. අධිචෝදනා - පුර්ව රඳවා තැබීමේ නීතික්‍රියා පටිපාටියේ සම්පින්ඩනය

(වි) යුශ්මතා අපරාධය සිදුකර ඇතැයි සැක කිරීමට ප්‍රමාණවත් හේතු මෙන්ම පහත සඳහන් සාධක තුනෙන් එකක් හෝ වැඩි ගණනක්ද උසාවියට සොයාගත හැකිනම්, යුශ්මතා රඳවා තබා ගත හැකිය. එක, ඔබට ස්ථිර ලිපිනයක් නැත. දෙක, යුශ්මතා සාක්ෂි විනාශ කරන බවට සැක කිරීමට ප්‍රමාණවත් හේතු ඇත. තුන, යුශ්මතා පැන යාමට උත්සාහ දරනු ඇතැයි සැක කිරීමට ප්‍රමාණවත් හේතු ඇත.

5. අධි චෝදනා පුර්ව රඳවා තැබීමේ කාලසීමාව

(වි) සිද්ධාන්තයක් වශයෙන් අධිචෝදනා පුර්ව රඳවා තැබීමේ කාලසීමාව දින 10 ක් වුවත්, නඩුව අනුව යුශ්මතා දින 10 ට කලින් (අත් අඩංගුවවෙන්) මුදාහරිනු ලැබීමට හෝ තවත් දින 10 කින් රඳවා තැබීම දිගුකිරීමට ද හැකිය.

6. චුදිත කරුණු දැනුම් දීම

(වි) යුශ්මතා අධි චෝදනා පුර්ව රඳවා තැබීමට හේතු පහත සඳහන් චෝදනා වලින් සමන්විතය. ඉන් පසුව අදහස් දැක්වීමට යුශ්මතාට අවස්ථාව ඇත. සැකකරු XXX ඔක්තෝබර් 10 වැනිදා අපරභාග 6.50ට පමණ, දැනුමවත්ව හා චේතනා සහගතව, (යෙන් මිලියන 3 කට පමණ තක්සේරු කල) දියමන්ති මුද්දක් තම ජැකට්ටුවේ ඇතුලු සාක්කුවට රිංගවීමෙන් XXX නගරයේ, මරුයමචෝහි 1-1 පිහිටි දෙපර්තමේන්තු සාප්පුවේ තුන්වැනිමාලයේ ප්‍රධාන කාර්යාලයෙන් සොරා ගත්තේය.

7　被疑事実に対する陳述

（被）　・　事実はそのとおり間違いありません。

・　身に覚えがありません。

・　検察庁で述べたとおりです。

8　勾留通知先

（裁）　あなたが勾留されることになった場合には，裁判所から弁護人あてにその旨を通知します。弁護人がない場合には，国内にいるあなたの配偶者，親兄弟等のうち，あなたが指定する１人に通知します。また，弁護人もそのような家族もない場合には，雇主とか知人などのうちからあなたが指定する１人に通知します。通知先の氏名，住居，電話番号を述べてください。

（被）　日本にいる兄に連絡してください。

（裁）　住所と名前は。

（被）　名前は，Ａです。私と同じところに住んでいます。

9　領事機関への通報

（裁）　あなたは，○○国国民として，領事関係に関するウィーン条約第３６条第１項（ｂ）の規定により，勾留の事実を○○国領事官に通報することを要求しますか。

（被）　通報することを要求します。〈要求しません。〉

（裁）　なお，領事機関に対しては，我が国の法令に反しない限り，信書を発することができます。

10　読み聞け

（書）　あなたが述べたことを調書に書きましたので，それを読み上げます。間違いなければここに署名して，左

7. චෝදනාව සම්බන්ධයෙන් සැකකරුගේ ප්‍රකාශය

(සැ) • මෙම කරුනු මුලුමනින්ම සත්‍ය ය.

• මේ කරුනු සම්බන්ධව මට කීමට කිසිවක් නැත.

• මට දැන් කීමට ඇති සියල්ල, මා චෝදකගේ කාර්යාලයේ කියා ඇති දේය.

8. අධිචෝදනා පූර්ව රඳවා තැබීම දන්වා සිටීම

(වි) යුෂ්මතා රඳවා තබා ගැනේ නම්, යුෂ්මතාගේ නීතිඥයාට රඳවා තැබීම ගැන දන්වා සිටිනු ඇත. යුෂ්මතාට නීතිඥයකු නැත්නම්, යුෂ්මතාගේ කාලත්‍රයාට, දෙමාපිය කෙනෙකුට, හෝ යුෂ්මතා උසාවියට නම් කරන ජපානයේ සිටින එකට ජීවත් වන සහෝදර / සහෝදරියකුට දන්වා සිටිනු ඇත. යුෂ්මතාට නීතිඥයකු හෝ පවුලේ සාමාජිකයකු නැත්නම්, උසාවිය යුෂ්මතා නම් කරන යුෂ්මතාගේ සේවා යෝජකයා හෝ දන්නා කෙනෙකු වැනි එක් පුද්ගලයකුට දන්වා සිටිනු ඇත. යුෂ්මතාගේ අධිචෝදනා-පූර්ව රඳවා තැබීම ගැන දැන්විය යුතු බඳු පුද්ගලයකු ගේ නම, ලිපිනය හා දුර කථන අංකය දක්වන්න.

(සැ) කරුණාකර ජපානයේ මගේ සහෝදරයාට දන්වන්න

(වි) ඔහුගේ නම හා ලිපිනය කුමක්ද ?

(සැ) ඔහුගේ නම "A" ය. ඔහු මා වසන ලිපිනයේම වාසය කරයි

9. කොන්සල්වරයාට දන්වා සිටීම

(වි) යුෂ්මතා XXX ජාතිකයකු වශයෙන්, කොන්සියුලර් සම්බන්ධතා පිළිබඳ වියනා ගිවිසුමේ 36 (1) b වගන්තිය යටතේ, යුෂ්මතා රඳවා තැබීම ගැන දැන්වීමක් XXX කොන්සල්වරයාට දිය යුතු ය යි ඉල්ලා සිටින්නේද ?

(සැ) ඔව්, මම එසේ ඉල්ලමි. <නැත, මම එසේ නොඉල්ලමි.>

(වි) ජපානයේ නීතියට පටහැනි නොවන තාක් දුරට කොන්සල්වරයාට ලිපියක් යැවීමට යුෂ්මතාට හැකිය.

10. වාර්තා කර ගන්නා ලද විත්තිකරුගේ ප්‍රකාශය කියවීම, අත්සන හා මුද්‍රාව

(උ) යුෂ්මතා කියා ඇති දේ මා ලියාගෙන ඇත. මම එය හඬ නගා කියවමි. එය නිවැරදි නම්, මෙහි අත්සන් තබා,

人指し指で指印してください。

第2章　公判手続

1　開廷宣言
（裁）　開廷します。

2　通訳人の宣誓
（通）　良心に従って誠実に通訳をすることを誓います。

3　人定質問
（裁）　被告人は前に出てください。〈被告人は起立してください。〉

名前は何と言いますか。

生年月日はいつですか。

国籍（本籍）はどこですか。

日本国内に定まった住居はありますか。

職業は何ですか。

4　起訴状朗読
（裁）　それでは，これから被告人に対する○○被告事件についての審理を始めます。

起訴状は受け取っていますね。

まず，起訴状が朗読されますから，被告人は聞いていてください。

検察官，起訴状を朗読してください。

5　黙秘権の告知
（裁）　これから，今朗読された事実についての審理を行いますが，審理に先立ち被告人に注意しておきます。被告人には黙秘権があります。したがって，被告人は答

අත්සන ළඟ යුෂ්මතාගේ වම් දබරැඟිල්ලෙන් මුද්‍රා තබන්න.

2. **නඩු විභාග කාර්ය පටිපාටිය**

1. උසාවිය කැඳවීම

(වි) මෙම උසාවිය මෙයින් විවෘතයි.

2. භාෂා පරිවර්තකගේ දිවුරුම

(ප) මගේ හෘදය සාක්ෂිය අනුව විශ්වාසවන්ත හා සත්‍ය ලෙස පරිවර්තනය කිරීමට මම ප්‍රතිඥා දෙමි.

3. හඳුනා ගැනීම සඳහා විත්තිකරුට ප්‍රශ්නය

(වි) විත්තිකරු ඉදියට එන්න. < විත්තිකරු නැගිට සිටී>

යුෂ්මතාගේ නම සඳහන් කරන්න.

යුෂ්මතාගේ උපන්දිනය සඳහන් කරන්න.

යුෂ්මතාගේ ජාතිකත්වය සඳහන් කරන්න.

යුෂ්මතාගේ පදිංචි ලිපිනය සඳහන් කරන්න .

යුෂ්මතාගේ රැකියාව සඳහන් කරන්න.

4. අධිචෝදනාව කියවීම

(වි) XXX සම්බන්ධයෙන් ඔබට විරුද්ධව ඇති චෝදනා පිළිබඳ නඩු විභාගය සිදු කෙරේ.

අධිචෝදනාවේ යුෂ්මතාට පිටපතක් යුෂ්මතාට දැනටමත් ලැබී තිබේ ද ?

චෝදක අධිචෝදනාව කියවනවිට කරුණාකර සවන් දෙන්න.

චෝදක, ඔබ කරුණාකර අධිචෝදනාව කියවන්නේ ද ?

5. නිහඬව සිටීමට ඇති අයිතිය දැනුම් දීම

(වි) චෝදක තැන විසින් කියවන ලද යුෂ්මතාට විරුද්ධ චෝදනාව මත උසාවිය දැන් මෙම නඩුව ඇසීමට යයි. පහත සඳහන් කරුණු ගැන දැන සිටින්න. නිහඬව සිටීමට යුෂ්මතාට අයිතිය ඇත. යුෂ්මතාට සමහර ප්‍රශ්නවලට පිළිතුරු

えたくない質問に対しては答えを拒むことができますし，また，始めから終わりまで黙っていることもできます。もちろん質問に対して答えたいときには答えてよいですが，被告人がこの法廷で述べたことは，被告人に有利，不利を問わず証拠として用いられることがありますから，そのことを念頭に置いて答えるようにしてください。

6 被告事件に対する陳述

（裁）　検察官が今読んだ事実について何か述べることはありますか。

（被）　・　事実はそのとおり間違いありません。

　　　　・　事実は身に覚えがありません。

　　　　・　酒を飲んでいたので，よく覚えていません。

　　　　・　物を取ったのは確かですが，人は殺していません。

　　　　・　被害者を刺したのは確かですが，殺すつもりはありませんでした。

7 弁護人の意見

（弁）　・　被告人の陳述のとおりです。

　　　　・　被告人には，窃盗の故意がないので，無罪を主張します。

　　　　・　被告人には，窃盗の実行の着手がありませんので，無罪を主張します。

　　　　・　被告人の行為は正当防衛に当たるので，無罪を主張します。

නොදී සිටීමට හෝ නඩු විභාගය පුරාම නිහඬව සිටීමට හැකිය. ඇත්තෙන්ම ඕනෑම ප්‍රශ්නයකට පිළිතුරු දීමට යුෂ්මතාට තෝරාගත හැකිය. කෙසේ නමුත්, මෙම උසාවිය තුළදී යුෂ්මතා විසින් කරන ලද ඕනෑම ප්‍රකාශයක් යුෂ්මතාට පක්ෂව හෝ විපක්ෂව සාක්ෂියක් ලෙස පරිහරණය කිරීමට හැකිය. එම නිසා මෙම නීතිය සිහියේ තබාගෙන පිළිතුරු දෙන්න.

6. චෝදනාව පිළිබඳ විත්තිකරුගේ ප්‍රකාශය

(වි) චෝදක තැන විසින් දැන් කියවන ලද කරුණු ගැන කිසියම් දෙයක් කීමට යුෂ්මතාට තිබේද ?

(විත්)
- කරුණු මුලුමණින්ම සත්‍යය.
- මේ කරුණු ගැන මට කිසිදු සම්බන්ධයක් නැත.
- එම වේලාවේ දී මා බීමත්ව සිටි අතර, සිදු වූ දේ ගැන පැහැදිලි මතකයක් මට නැත.
- ප්‍රශ්නයට ලක්ව ඇති අයිතම, ඇත්තෙන්ම මම ගත්තෙමි. නමුත් මා කිසිවකු මරා දැමුවේ නැත.
- මම ඇත්තෙන්ම ගොදුරුවූ තැනැත්තාට ඇන්නෙමි. එහෙත් ඔහු / ඇය මරා දැමීමට අදහස් නොකෙළෙමි.

7. විත්තියේ නීතිඥයාගේ මතය

(විනී)
- විත්තිකරු කර ඇති ප්‍රකාශය මුලුමණින්ම සත්‍යය.
- විත්තිකරු ඔහුට සොරකම් කිරීමේ චේතනාවක් නොතිබිණි ය යන පදනම මත වරදකාරී නොවේ.
- විත්තිකරු, චෝදනා කර ඇති, සොරා ගැනීම යන අපරාධය සිදුකිරීමේ ආරම්භයක් නොතිබිණි ය යන පදනම මත වරදකාරී නොවේ.
- විත්තිකරු ආත්මාරක්ෂාව යන පදනම මත වරදකාරී නොවේ.

8 検察官の冒頭陳述

(裁) それでは検察官，冒頭陳述を行ってください。
　　　検察官が証拠によって証明しようとする事実を述べますので，被告人は聞いていてください。

(検) 検察官が証拠により証明しようとする事実は次のとおりであります。被告人は・・・・。

9 弁護人の冒頭陳述

（公判前整理手続が実施された場合で，弁護側の主張があるときには必ず行われるが，同手続が実施されなかった場合に行われることは少ない。）

(裁) 続いて，弁護人の冒頭陳述をどうぞ。

(弁) それでは，弁護人の冒頭陳述を申し上げます。被告人は，本件犯行を行っておらず，無罪です。すなわち・・・・。

10 公判前整理手続の結果顕出

（公判前整理手続が実施された場合）

(裁) 次に，公判前整理手続の結果を明らかにする手続を行います。この公判に先立ち，裁判所，検察官，弁護人の3者によって行われた公判前整理手続の結果，本件における主たる争点は，次の2点であることが明らかになっています。まず第1点は・・・・。

11 証拠調べ請求

(検) 以上の事実を立証するため，証拠等関係カード(甲)(乙)記載の各証拠の取調べを請求します。

12 証拠（書証・証拠物）請求に対する意見

8. රාජ්‍ය චෝදක ගේ ආරම්භක ප්‍රකාශය

(වි) චෝදක, කරුණාකර ඔබේ ආරම්භක ප්‍රකාශය කරන්න

විත්තිකරු, පැමිණිලි පක්ෂය තමන් ඔප්පු කිරීමට අදහස් කරන කරුණු කෙටියෙන් දක්වන්න, චෝදකතැනගේ ආරම්භක ප්‍රකාශයට සවන් දෙන්න.

(චෝ) සාක්ෂි සහිතව අප සනාථ කිරීමට අදහස් කරන කරුණු පහත දැක්වේ. විත්තිකරු....

9. විත්තියේ නීතීඥගේ ආරම්භක දේශණය

(නඩුව පූර්ව විනිශ්වය සාකච්ඡා ක්‍රමවේදයකට භාජනය කරන්නේනම් හා විත්තියේ නීතීඥයා එවිට යම්කිසි ප්‍රකාශයක් කිරීමට අවශ්‍යවන්නේනම් විත්තියේ නීතීඥයාට පූර්ව ප්‍රකාශයක් කිරීමට අනිවාර්‍ය අවසරය ලැබේ. නමුත් එවැනි කාරණාවක් පූර්ව විනිශ්වය සාකච්ඡා ක්‍රමවේදයකදී බොහෝවිට විරල සිද්ධියකි.)

(වි) විත්තියේ නීතීඥ, කරුණාකර ඔබේ ආරම්භක ප්‍රකාශය කරන්න

(විනී) මා විත්තියේ නීතීඥයා ලෙස ආරම්භක ප්‍රකාශය කරමි. චෝදනා කරන ආකාරයෙන් විත්තිකරු අපරාධයක් කර නැත.ඔහු නිවැරැදි කරුවකි.

10. පූර්ව විනිශ්වය සාකච්ඡා ක්‍රමවේදයේ ප්‍රතිඵල අනාවරණය

(නඩුව පූර්ව විනිශ්වය සාකච්ඡා ක්‍රමවේදයකට භාජනය කරන්නේනම්)

(වි) උසාවිය පූර්ව විනිශ්වය සාකච්ඡා ක්‍රමවේදයේ ප්‍රතිඵල පිලිබඳ අනාවරණය කරනු ලබයි. උසාවිය, රාජ්‍ය චෝදක, විත්තියේ නීතීඥයා යටතේ පූර්ව විනිශ්වය සාකච්ඡා ක්‍රමවේදය යටතේ කරනු දෙකක් පැහැදිලි කරනු ලබයි. පලමු වැන්න.

11. සාක්ෂි විභාග කිරීමට ඉල්ලුම

(චෝ) කාරණා ඔප්පු කිරීම සඳහා සාක්ෂි පත්‍රයේ සඳහන් (A, B) කොටස් ඉදිරිපත් කරන ලෙස ඉල්ලමි.

12. සාක්ෂි විභාග කිරීම සඳහා චෝදකගේ ඉල්ලීම මත විත්තියේ නීතීඥයාගේ අදහස්

(ලෙඛණගත හා වෙනත් ද්‍රව්‍යාත්මක සාක්ෂි)

（裁）　弁護人，御意見はいかがですか。

（弁）　・　すべて同意します。

・　甲３号証と甲４号証の目撃者Ａの検察官と司法警察員に対する供述調書については不同意です。その余の各証拠は同意します。

・　証拠物については異議ありません。

・　乙３号証の被告人の司法警察員に対する供述調書は，取調べ警察官の脅迫により録取されたものであり，任意性を争います。

・　乙５号証の被告人の司法警察員に対する供述調書は，供述録取に際し，共犯者をかばって供述したものであるので，その調書には信用性がありません。

・　乙９号証の被告人の検察官に対する供述調書は，検討中のため意見を留保します。

13　書証の要旨の告知・証拠物の展示

（裁）　それでは，同意のあった各証拠は採用し，取り調べることにします。検察官，書証の要旨を告知し，証拠物を示してください。

検察官が書証の要旨を告げますので，被告人は聞いていてください。

（検）　・　甲１号証は，司法警察員作成の捜査報告書です。被告人の出入国状況を示したもので，「被告人は，平成○○年１０月１４日，Ｙ国から，短期在留資格（９０日）の条件で来日した。在留資格は，平

(ටී) විත්තියේ නීතිඥ, ඔබට කිසියම් විරුද්ධත්වයක් තිබේද?

(ටිනි) • නැත ස්වාමීනි, සියලුම සාක්ෂි ආවේශ්‍ය කිරීමට අපි එකග වෙමු.

• එසේය ස්වාමීනි A නම් සියැස් සාක්ෂිකරු චෝදකයකුට හා අධිකරණ පොලිස් නිලධාරියකුට වාර්තාකර ඇති A3 හා A4 යන අයිතමයන් ඉදිරිපත් කිරීමට අපි කැමැත්ත නොදෙමු. ඉල්ලා ඇති අනෙක් සාක්ෂිවලට අපි කැමැත්ත දෙමු.

• ශාරීරික සාක්ෂි ආවේශ්‍ය කිරීම ගැන අපේ විරුද්ධත්වයක් නැත.

• අයිතම B3 යන අධිකරණ පොලිස් නිලධාරියකුට දෙන ලද වාර්තා කර ඇති ප්‍රකාශය, එම නිලධාරියාගේ තර්ජනය යටතේ ගන්නා ලද්දක් නිසා එහි ස්වේච්ඡාභාවය අපි ප්‍රශ්න කරමු.

• අධිකරණ පොලිස් නිලධාරියකුට විත්තිකරු දුන්, වාර්තා කර ඇති ප්‍රකාශය වූ B5 අයිතමයේ විශ්වාසනීයත්වය ද, විත්තිකරු එම අවස්ථාවේ ඔහුගේ / ඇයගේ සහචරයා අරක්ෂා කිරීමට උත්සාහ කරමින් සිටි නිසා අපි ප්‍රශ්න කරමු.

• චෝදකවරයකුට දෙන ලද වාර්ථා කර ඇති ප්‍රකාශය වූ B9 යන අයිතමය අපි තවමත් තක්සේරු කරමින් සිටිමු. මේ වේලාවේදී අදහස් දැක්වීම කල් තබමු.

13. ලේඛණ සාක්ෂි සම්පිණ්ඩනය හා ශාරීරික සාක්ෂි දැක්වීම

(ටී) මම මෙයින්, විත්තිය ආවේශ්‍ය කිරීමට අභිමතය දුන් අයිතම ඉදිරිපත් කරන අතර, එවා දැන් විභාග කළ හැකි බවට නියෝග කරමි. චෝදක, කරුණාකර ඔබ ලේඛණ සාක්ෂි සම්පිණ්ඩනය කරන්නේ හා ඉදිරිපත් කොට ඇති ප්‍රදර්ශකයන් දක්වන්නේද?

විත්තිකරු, චෝදක නැත ලේඛණ සාක්ෂි සම්පිණ්ඩනය කියවන විට ඔහුට /ඇයට සවන් දෙන්න.

(චෝ) අයිතම A1 අධිකරණ පොලිස් නිලධාරියා විසින් ගොනු කරන ලද විමර්ශණ වාර්තාවකි. මෙම වාර්තාව විත්තිකරුගේ වර්තමාන අගමන තත්වය දක්වයි. (උපුටා ගැනීම) "විත්තිකරු. XXX ඔක්තෝබර් 14 වෙනිදා, දින 90ක නේවාසික තත්වයක් සහිතව Y වලින් ජපානයට ඇතුලුවිය. XXX ජනවාරි 12 ත් දක්වා විසීමට ඔහුට ඉඩ

成○○年１月１２日までとなっているが，在留期間の更新は受けていない。」という内容です。

・　甲２号証は，被告人の婚約者甲野花子の司法警察員に対する供述調書です。内容は被告人の生活状況です。

・　乙１号証は，被告人の司法警察員に対する供述調書です。

　被告人の身上，経歴等を述べたものです。

・　乙２号証，乙３号証は，被告人の司法警察員に対する供述調書であり，乙４号証は，被告人の検察官に対する供述調書です。

　乙２号証から乙４号証は，いずれも被告人が本件の犯行状況について述べたものですので，乙４号証でまとめて要旨を告げます。

　「私は，日本で働いてお金を稼ぐために，平成○○年１０月１４日，Ｙ国から，日本に来ました。日本では，最初に鈴木建設という会社で働き，次に田中土建という会社で働きました。在留期間が平成○○年１月１２日までということは分かっていましたが，お金を稼ぎたいのでそのまま日本にいました。」

・　乙５号証は，被告人の身上関係についての捜査報告書です。

14　証人申請

（裁）　検察官，不同意とされた証拠についてはどうされま

ලැබිණි. මේ දක්වා එම තත්වයේ අලුත් කිරීමක් සිදුවී නැත". (උපුටා ගැනීම නිමි)

- අයිතම A2 විත්තිකරුගේ පෙම්වතිය වූ, හනාකෝ කවුතෝ විසින්, විත්තිකරුගේ ජීවන තත්වය හා ජීවන රටාව සම්බන්ධයෙන් අධිකරණ පොලිස් නිලධාරියාට දෙන ලද වාර්තාකරගත් ප්‍රකාශයකි.
- අයිතම B1 විත්තිකරු විසින් අධිකරණ පොලිස් නිලධාරියාට දෙන ලද වාර්තාකරගත් ප්‍රකාශයකි. එය ඔහුගේ පවුලේ පසුබිම, පෞද්ගලික ඉතිහාසය ආදිය ගැන තොරතුරු විස්තර කරයි.
- අයිතම B2 හා B3 අධිකරණ පොලිස් නිලධාරියාට දුන් වාර්තාකරගත් ප්‍රකාශයන්ය. අයිතම B4 විත්තිකරු විසින් චෝදකට දෙන ලද වාර්තාකරගත් ප්‍රකාශයකි.

අයිතම B2, B3 හා B4 වර්තමාන නඩුවේ ඔහුගේ සාපරාධ සම්බන්ධය ගැන වූ විත්තිකරුගේ වාර්තාකරගත් ප්‍රකාශයන්ය. මෙම ප්‍රකාශයන් සම්පිණ්ඩනය කිරීමට මම B4 න් උපුටා දක්වමි.

"මම XXX, ඔක්තෝබර් 14 වෙනිදා රැකියාවක් සොයා ගැනීමේ හා මුදල් ඉපයීමේ අරමුණින් Y රටේ සිට ජපානයට පැමිණියෙමි. මම පළමුව සුසුකි ගොඩනැගීම් සමාගමේද පසුව ටනාකා ගොඩනැගීම් සමාගමේද වැඩ කලෙමි. XXX ජනවාරි 12 වෙනිදා තෙක් පමනක් ජපානයේ නතරවී සිටීමට මට අවසර ඇති බව දැන සිටිය නමුත් මුදල් ඉපයීම සඳහා ජපානයේම සිටීමට මම තෝරා ගත්තෙමි.

- අයිතම B5 විත්තිකරුගේ පවුල් පසුබිම පිළිබඳ වාර්තාවකි.

14. සාක්ෂිකරු පරීක්ෂා කිරීමට ඉල්ලීම

(වි) චෝදක, විත්තිකරු කැමැත්ත නොදුන් සාක්ෂි පිළිබඳව ඔබ කුමක් කරන්නට යන්නේද?

すか。

(検)　撤回して，証人Aを申請します。

15　証人申請に対する意見及び証人の採用

(裁)　弁護人，御意見は。

(弁)　しかるべく。

(裁)　それでは，Aを証人として採用します。

16　証人の尋問手続

(1) 証人の宣誓

(裁)　ただいまから，あなたをこの事件の証人として尋問しますから，まずうそをつかないという宣誓をしてください。その宣誓書を朗読してください。

(証)　宣誓　良心に従って真実を述べ，何事も隠さず，偽りを述べないことを誓います。証人A。

(裁)　証人は，今宣誓したように本当のことを証言してください。もし宣誓した上で虚偽の証言をすると，偽証罪で処罰されることがあります。

　　　証人が証言することによって証人自身又は証人の近親者が刑事訴追を受けたり，有罪の判決を受けるおそれのある事柄については，証言を拒むことができますから，その場合には申し出てください。

(2) 異議申立て及びその裁定

(検)　弁護人のただいまの発問は，誘導尋問ですから，異議を申し立てます。

(弁)　反対尋問においては，誘導尋問も許されるので，検察官の異議の申立ては，理由がないと思料いたし

(චෝ) මම එම සාක්ෂි ඉල්ලා අස්කර ගනිමින්, සාක්ෂිකරුවකු ලෙස A පරීක්ෂා කිරීමට ඉල්ලා සිටිමි.

15. සාක්ෂිකරු පරීක්ෂා කිරීමට කළ ඉල්ලීම පිළිබඳ මතය හා පිළිගැනීම පිළිබඳ නියෝගය.

(වි) විත්තියේ නීතිඥ, ඔබට කිසියම් විරුද්ධත්වක් තිබේද?

(විනි) නැත, ස්වමිනි ඉදිරියට කටයුතු කරගෙන යන්න.

(වි) උසාවිය සාක්ෂි කරවකු ලෙස A පිළිගනී

16. සාක්ෂිකරුවකු පරීක්ෂා කිරීමේ ක්‍රියා පටිපාටිය

(1) සාක්ෂිකරුගේ දිවුරුම

(වි) යුෂ්මතා මෙම නඩුවේ සාක්ෂිකරුවකු ලෙස පරීක්ෂා කෙරේ. සාක්ෂි දීමට ප්‍රථම යුෂ්මතා බොරුවක් නොකියන බවට කරුණාකර දිවුරුම් ගන්න. මෙම දිවුරුම කරුණාකර හඬ නගා කියවන්න.

(සා) මගේ හෘදය සාක්ෂියට අනුව, මා සත්‍යය ප්‍රකාශ කරණ බවටත්, අසත්‍ය කතා නොකරන බවටත් දිවුරා සිටිමි. A සාක්ෂිකරු.

(වි) කරුණාකර දිවුරුම් පත්‍රය අත්සන්කොට මුද්‍රා තබන්න. සාක්ෂිකරුවකු ලෙස යුෂ්මතා දිවුරා ඇති පරිදි සත්‍යය ප්‍රකාශ කළ යුතුයි. දැන් යුෂ්මතා දිවුරුම් පිට සිටී. යුෂ්මතා බොරු සාක්ෂි දුනහොත් වරදක් කිරීම සම්බන්ධයෙන් යුෂ්මතා දඬුවම් කල හැකිය. යුෂ්මතා හෝ යුෂ්මතාගේ ඥාතීන්ට අපරාධාරෝපනය කෙරේය යන් පදනම මත ප්‍රශ්ණ වලට පිළිතුරු දීම ප්‍රතික්ෂේප කිරීමට යුෂ්මතාට ඇති අයිතිය ගැනද යුෂ්මතාට අවවාද කෙරේ. මෙබන්දක් පැන නැගුනවිට කරුණාකර උසාවියට කියන්න.

(2) විරෝධය හා නියෝග කිරීම

(චෝ) විරෝධතාව විත්තියේ නීතිඥ සාක්ෂිකරුට උත්තරාර්ථ ප්‍රශ්ණයක් යොමු කරයි.

(විනි) ස්වාමිනි, හරස් ප්‍රශ්ණ ඇසීමේදී උත්තරාර්ථ ප්‍රශ්ණ වලට අවසර තිබේ. චෝදකගේ විරෝධතාව පදනම් විරහිතය යි

ます。

（裁） 異議を棄却します。

⑶ 証人尋問の終了

（裁） 証人尋問を終わります。証人は，お疲れさまでした。

17 その他の手続

⑴ 弁論の併合決定

（裁） 本件に被告人に対する平成○○年（わ）第○○号強盗被告事件を併合して審理します。

⑵ 訴因及び罰条等の変更

（検） 起訴状記載の訴因を「被告人は・・・・したものである。」と，罪名及び罰条を「窃盗　刑法２３５条」とそれぞれ変更の請求をします。

（弁） 検察官の請求に異議ありません。

（裁） 訴因及び罰条等の変更を許可します。

⑶ 被害者特定事項の秘匿決定後，被害者の呼称の定めがされた場合

（裁） 今後の審理においては，平成○○年６月２０日付け起訴状記載の公訴事実第１の被害者のことを「被害者Ａ」と，同年７月１０日付け追起訴状記載の被害者のことを「被害者Ｂ」と呼ぶこととします。

⑷ 被害者参加許可決定

（検） 本日，被害者Ａさんから被害者参加の申出がありました。検察官としては，相当であると考えます。

（裁） 弁護人の御意見はいかがですか。

මම සිතමි.

(වි) විරෝධතාව ප්‍රතික්ෂේප කෙරේ.

(3) සාක්ෂිකරුවකු පරීක්ෂා කිරීම අවසන් කිරීම

(වි) සාක්ෂිකරුවකු ලෙස යුෂ්මතා පරීක්ෂා කිරීම සම්පූර්ණය. ඉතාමත් ස්තුතියි.

17. වෙනත් ක්‍රියා පටිපාටි

(1) වාචක නීති ක්‍රියාවලින් පිළිබඳ සම්බන්ධීකරණ නියෝග

(වි) උසාවිය විත්තිකරුට වරුද්ධ XXX (WA) අංක චෝදනා වර්තමාන XXX චෝදනා වලට සම්බන්ධ කරයි.

(2) චෝදනාංකවල වෙනනස්කම් හා යෙදිය හැකි නීති වගන්ති හෝ ආදා

(චෝ) පැමිණිලි පක්ෂය අධිචෝදනාවේ ඇතුලත් චෝදනාවෙන් " XXX විත්තිකරු" බවටත්, වරදෙහි නම හා යොදා ගැනෙන නීති ද "දණ්ඩ නීති සංග්‍රහයේ 235 වැනි වගන්තිය, සොරකම" ලෙසින් වෙනස්විය යුතු බවටත් ඉල්ලා සිටී.

(විති) චෝදකගේ ඉල්ලීමට මගේ විරුද්ධත්වයක් නැත.

(වි) එම වෙනස්වීම්වලට මෙසේ ඉඩ ලැබේ.

(3) විපතට පත්වූ පාර්ශවයේ අනන්‍යතාවය හා තොරතුරුවල රහස්‍යභාවය ආරක්ෂා කිරීම, හා විපතට පත්වූ යන්න භාවිතා කිරීම

(වි) මෙතැන් සිට, XXX ජුනි මස 20 දාතමින් යුත් චෝදනා පත්‍රයේ චෝදනාංක 1 යටතේ සඳහන් විපතට පත්වූ පුද්ගලයා A යනුවෙන්ද, XXX ජුලි 10 දාතමින් යුත් අතිරේක චෝදනා පත්‍රයේ යටතේ සඳහන් විපතට පත්වූ පුද්ගලයා B යනුවෙන්ද පිළිවෙලින් සඳහන් වේ.

(4) විපතට පත් වූ පාර්ශවය අපරාධ නඩු විභාගය සඳහා සහභාගි වීමේ අවසර

(චෝ) අදාලවූ නඩු විභාගය සඳහා විපතට පත් වූ පාර්ශව සහභාගි විය යුතුයැයි ඉල්ලා සිටින අතර රාජ්‍ය,චෝදක ලෙස එම පාර්ශවයේ A සහභාගිත්වය සුදුසුයැයි කල්පනා කරනු ලබයි

(වි) විත්තියේ නීතිඥ, ඒ පළිබඳ විරෝධතාවක් තිබේද?

(弁) しかるべく。
(裁) 申出人の本件被告事件の手続への参加を許可します。
(5) 被害者等の被害に関する心情その他の被告事件に関する意見陳述

(被害者等からの申出がある場合)

(裁) 被害者の方からの心情その他の意見陳述を行います。では,被害者の方は証言台に進んで,その意見を陳述してください。

(害) ・ 私は,被告人に殴られて,半年も入院しました。その間,身体の自由が利かず,仕事もできず,とてもつらい思いをしました。
・ 被告人のことは,絶対に許せません。
(6) 即決裁判手続

ア 被告事件に対する有罪の陳述

(起訴状朗読及び黙秘権の告知後)

(裁) 検察官が今読んだ事実について何か述べることはありますか。

(被) 間違いありません。

(裁) 事実は間違いないということですが,この事実について,有罪であるとして処罰されても構わないということですか。

(被) はい。

イ 弁護人の意見

(裁) 弁護人の御意見は。

(විනි) මගේ විරුද්ධත්වයක් නැත

(වි) නඩු විභාගය සඳහා සහභාගි වීය යුතුයයි උසාවිය අවසර දෙනු ලබයි.

(5) විපතට පත් වු පුද්ගලයා සහ එම පාර්ශව නඩු විභාගය සඳහා ඔවුන්ගේ අදහස් හා ප්‍රකාශණ

විපතට පත් වු පුද්ගලයා සහ එම පාර්ශව අදහස් හා ප්‍රකාශණ සඳහා ඉල්ලීම

(විපතට පත් වු පුද්ගලයා සහ එම පාර්ශව නඩු විභාගය සඳහා ඉල්ලීමක් කල විට)

(වි) නඩු විභාගය සඳහා විපතට පත් වු පුද්ගලයා සහ එම පාර්ශව තම තමන්ගේ දුක් හැගුම් මෙන්ම අදහස් හා ප්‍රකාශණ සඳහා ඉල්ලීම උසාවිය අවසර දෙනු ලබයි. කරන්න

(විපතට පත් වු පුද්ගලයා සහ එම පාර්ශව වෙත) උසාවි සාක්ෂි දෙන ස්ථානය ට ගොඩ වැදී තම ප්‍රකාශනය කරන්න)

(විප නි.) • සැකකරු විසින් මාහට දරුණු ලෙස පහර දෙනු ලැබු අතර ඒ හේතුවෙන් මම මාස හයක්ම රෝහල් ගත වී ප්‍රතිකාර ලැබුවෙමි. එම කාළය තුල මම අධික ලෙස අපහසුවට පත්වීමි. මාහට රැකියාවට යාමට හෝ වෙනයම් ක්‍රියාවක් කිරීමට හැකියාව නොවිය.

• සැකකරුට කිසි දිනක සමාව නොදෙමි

(6) සාරාංශ නඩු විභාග ක්‍රියා පටිපාටිය

A) අපරාධය පිළිගැනීම

(චෝදනා පත්‍රය කියවීමෙන් අනතුරුව පිළිතුරු නොදී නිහඬව සිටීමේ අයිතිවාසිකම මතක් කිරීම)

(වි) චෝදක විසින් කියවන ලද චෝදනා පත්‍රය පළිබඳ යම් කිසිවක් කීමට තමාට ඇද්ද?

(විත්) ප්‍රකාශිත අන්තර්ගතය සංපූර්නයෙන්ම සත්‍ය බව කියමි.

(වි) චෝදනා පත්‍රයේ කාරණාවන් පළිගෙන වැරදි ඔප්පු වන බව හා එයට අදාල දඩුවම තමා පළිගන්නා බව එයින් අදහස් කරන්නේද?

(විත්) එසේය

B) විත්තියේ නීතිඥයගේ මතය

(වි) විත්තියේ නීතිඥය ඔබගේ මතය?

（弁）　被告人の陳述と同様です。

ウ　即決裁判手続によって審判する旨の決定

（裁）　本件については，検察官から即決裁判手続の申立てがされています。被告人，弁護人は即決裁判手続によることについて同意しており，被告人は有罪である旨の陳述をしていますので，本件を即決裁判手続によって審判することとします。

エ　証拠調べ請求等

（裁）　では，証拠調べに入ります。検察官，証拠調べ請求をお願いします。

（検）　本件公訴事実を立証するため，証拠等関係カード（甲）（乙）記載の各証拠の取調べを請求します。

（裁）　弁護人，いかがですか。

（弁）　いずれも，証拠とすることに異議はありません。

18　論告

（裁）　検察官，御意見を伺います。

　検察官がこの事件に対する意見を述べますので，被告人は聞いていてください。

（検）　それでは論告いたします。

・　まず，事実についてですが，本件公訴事実は，当公判廷で取り調べられた関係各証拠によって証明十分と思料します。

・　情状について申し上げます。本件は，被告人が，金を稼ぐ目的で，当初から不法に残留することを予定して入国し，２年余りにわたって不法に残留

(විනි) විත්ති කරුගේ පිළිගැනීම ට එගඟ වෙමි

C) සාරාංශ නඩු ඇසීමේ ක්‍රියාවලියක රීති

(වි) සාරාංශ නඩු ඇසීමේ ක්‍රියාවලියක් යටතේ මෙම නඩුව ඇසිය යුතුයැයි රාජ්‍ය චෝදක විසින් පෙත්සමක ඉදිරිපත්කොට ඇත. විත්තිකරුගේ පාර්ශවය මෙන්ම විත්තියේ නීතිඥතැන විසින්ද එය පිළිගෙන ඇති නිසාත්, එසේම විත්තිකරු වරද පිළිගෙන ඇති නිසාත්, යන කරුණු සැලකිල්ලට ගත් උසාවිය, මෙම නඩුව සාරාංශ නඩු ඇසීමේ ක්‍රියාවලියක් යටතේ මෙම නඩුව ඇසිය යුතුයැයි තීරණය කරනු ලබයි.

D) සාක්ෂි විභාග කිරීම සඳහා ඉල්ලීම් ආදිය

(වි) දැන් උසාවිය සාක්ෂි විභාග කිරීම සඳහා සූදානම් වන අතර චෝදක සාක්ෂි විභාග කිරීම සඳහා ඉල්ලීමක් කරන්න.

(චෝ) මෙම නඩුවේ සඳහන් චෝදනාවන් ඔප්පු කිරීම සඳහා, චෝදනා පත්‍රයේ ලැයිස්තු ගතකොට ඇති A සහ B යන ලැයිස්තු සාක්ෂි ලෙසට සැලකිල්ලට ගනු ලෙසට උසාවියෙන් ඉල්ලමි.

(වි) විත්තියේ නීතිඥය ඔබට ඒ පිළිබඳ විරෝධයක් තිබේද?

(විනි) නැත ස්වාමිනි. අපි එම සාක්ෂි පිළිගත හැකියයි විශ්වාස කරමු.

18 නිම කිරීමේ තර්කය

(වි) චෝදක, ඔබේ නිම කිරීමේ තර්කය ඉදිරිපත් කරන්න
විත්තිකරු, කරුණාකර චෝදක තැනගේ නිම කිරීමේ තර්කයට සවන් දෙන්න.

(චෝ) නිම කිරීමේ තර්කය ඉදිරිපත් කිරීමට අප කැමතිය.

- ආරම්භයක් වශයෙන්, අපරාධය සම්බන්ධ කාරණා මෙම උසාවියේ විභාග කරණ ලද සාක්ෂි වලින් ප්‍රමාණවත් ලෙස ඔප්පු වී ඇති බව අපට එත්තු යයි.
- මෙම නඩුව වටා වූ වාතාවරණය සළකන විට, විත්තිකරු මුදල් ඉපයීමේ අරමුණින් ජපානයට ඇතුලුවී, ඔහුගේ / ඇයගේ නේවාසික තත්වය යටතේ ඉඩ ලද කාල සීමාවට වැඩි කාලයක් නතර වී සිටීමට මුල සිටම සැලසුම් කොට, නීති විරෝධී ලෙස අවුරුදු දෙකකට වැඩි කාලයක් මෙහි නතර වී සිටියේය. ඔහුගේ /

した事案であり，その残留期間の長さなどを考えると，被告人の刑事責任は重大であります。

・　求刑ですが，以上諸般の事情を考慮し，相当法条適用の上，被告人を，懲役１年６月に処するのを相当と思料します。

19　被害者参加人の弁論としての意見陳述

（事前に被害者参加人からの申出がされ，これが許可されている場合）

（裁）　では，弁論としての意見陳述をお願いします。

（参）　この事件の被害者参加人として，私の意見を述べます。

・　被告人は，何の関係もない私に対し，いきなり言い掛かりをつけ，その後，急に殴りかかってきました。

・　このため，私は１か月もの入院を余儀なくされるほどの重傷を負いました。入院中は身体の自由が利かず，本当につらい思いをしました。

・　被告人は，私にも落ち度があるなどといって謝罪すら行わず，また，慰謝料はおろか，入院費用さえも支払っていません。

・　このような被告人のことは，どうしても許せません。私は，被告人を懲役４年の刑にしてほしいと思います。

20　弁護人の弁論

（裁）　弁護人の御意見を伺います。

ඇයගේ නීති විරෝධී පදිංචි කාලය සලකන විට, විත්තිකරුගේ සාපරාධී වගකීම ඇත්තෙන්ම බරපතලය.

- ඉහත වාතාවරණය තුළ, අදාල නීති යොදා ගනිමින්, අනිවාර්ය වැඩ සහිත අවුරුදු එකයි මාස හයක සිර දඬුවමක් දීම මෙම නඩුවේදී යෝග්‍ය යයි අපි සළකමු

19. නඩු ක්‍රියාවලියට සහභාගි වූ විපතට පත් පාර්ශවයේ අදහස් පිළිබඳ ප්‍රකාශණය.

(විපතට පත් පාර්ශවයෙන් ඉල්ලුම් පත්‍රයක් ගොනු කිරීමෙන් නඩු ක්‍රියාවලියට සහභාගි වීමට අවසර ලැබීම)

(වි) ඔබගේ අදහස් ඉදිරිපත් කරන්න

(විප, විප.නි) මෙම නඩුවේ විපතට පත් පාර්ශවය ලෙස මගේ අදහස් ඉදිරිපත් කරමි.

- විත්තිකරු එකවරම හේතුවක් නොමැතිව මා සමඟ කෝලාහලයකට පැමිනියේය. ඉන් පසුව හදිසියේම මට පහර දීමට පටන් ගත්තේය.
- මෙම පහර දීම හේතුවෙන් මට බරපතල තුවාල සිද්ධවූ අතර ඒ හේතුවෙන් මා මාසයක් පමණ කාලයක් රෝහල් ගතවී සිටියෙමි.
- මට යමක් කිරීමට හෝ එහේ මෙහේ යාමට නොහැකි වූ නිසා ඉමහත් අපහසු කාලයක් ගත කිරීමට සිද්ධවිය. විත්තිකරු ක්ෂමාව ගැනීමක් හෝ නොකල අතර එම කෝලාහලයේ වැරැද්ද මා වෙත පවරමින් විවිධ තරක කලේය.
- එසේම මගේ රෝහල් ගාස්තු පවා නොගෙවීය. එපමනක් නොව අඩු තරමේ වන්දි මුදලක් හෝ ගෙවානැත, සැකකරුට කිසි දිනක සමාව නොදෙමි. ඔහුට වසර හතරක වැඩ සහිත දඬුවමක් දිය යුතුයයි කියමි

20. විත්තියේ නීතීඥගේ නිම කිරීමේ තර්කය

(වි) විත්තියේ නීතීඥ, කරුණාකර ඔබේ නිම කිරීමේ තර්කය කරන්න.

（弁） では，被告人のため，弁論いたします。

⑴ 出入国管理及び難民認定法違反（自白事件）の例

・ 本件公訴事実に関しては，被告人は当公判廷においてもこれを素直に認めており，弁護人としてもこれに対し特段異議をとどめるべき点はございません。

・ 被告人も当公判廷で供述したとおり，本件は弁解の余地のない違法行為であり，被告人自身，長期にわたる不法残留については十分反省し，国外に退去した後は2度と日本には来ないと供述しており，今後2度とこのような違法行為を繰り返さないことを誓っているものです。

・ 被告人の残留目的は，就労であり，それ以外の不法な目的を有していたものではありません。

・ 現に，来日してから逮捕されるまでの間は，まじめに稼働しており，本件以外の犯罪を犯したこともなく，前科前歴はありません。

・ 被告人は今回，逮捕，勾留，起訴という厳しい処分を受け，既に相当の期間の身柄拘束処分を受けており，十分な社会的，経済的制裁を受けています。

・ 以上の事情を併せ考慮されて，被告人に是非とも自力更生，再起の機会を与えていただきたく，執行猶予の寛大な判決を下されるよう，切にお願いする次第です。

⑵ 窃盗（否認事件）の例

・ 被告人は，指輪を買うつもりだったのであり，窃盗

(විනි) විත්තිකරු, වෙනුවෙන් නිම කිරීමේ තර්කය ඉදිරිපත් කිරීමට කැමැත්තෙමි.

(1) (විත්තිකරු ඔහු / ඇය වරදකාරී යයි කියා සිටින) ආගමණ පාලන හා සරණාගත පිළිගැනීම් පනත කඩ කිරීම පිළිබඳ නඩුවක නිදර්ශනය

- විත්තිකරු මෙම උසාවිය ඉදිරිපිට මේ නඩුවේ චෝදනා කර ඇති වරද සමන්විත වන කරුණු අවංකවම කියා ඇති නිසා ඔහුගේ / ඇයගේ විත්තියේ නීතිඥ ලෙස කරුණු බිඳ හෙළීමට විශේෂ යමක් නැත.
- විත්තිකරු මෙම නඩු උසාවිය ඉදිරිපිට ඔහු / ඇය ආගමණ නීතිය පැහැදිලිවම කඩකර ඇති බවත්, ඔහුගේ / ඇයගේ නීති විරෝධී ලෙස මෙරටෙහි සිටීම ගැන කණගාටු වන බවත් කියා ඇත, වරක් පිටමං කළ විට ඔහු / ඇය යළි ජපානයට නොපැමිණෙන බවත් සඳහන් කර ඇති අතර, ජපානයේ දී මේ නීතිය යළි කඩ නොකරන බවටත් පොරොන්දු වී ඇත.
- ඔහුගේ / ඇයගේ නීති විරෝධී ලෙස ජපානයේ සිටීමේ අරමුණ නම් රැකියාවක් සොයා ගැනීමය. ඔහුට / ඇයට වෙනත් නීති විරෝධී අරමුණක් නැත.
- ඔහුගේ / ඇයගේ ජපානයට පැමිණි දින සිට ඔහු / ඇය අත් අඩංගුවට ගැනීම දක්වා විත්තිකරු, මහන්සි වී වැඩ කළ අතර, මේ නඩුව හැරෙන්නට, නීති කඩ කළේ නැත.
- මේ නඩුවේ විත්තිකරු, අත් අඩංගුවට ගැනීම, රඳවා තැබීම හා චෝදනා කිරීම වැනි දැඩි නීති ක්‍රියාවලින්ට යටත් කරුණු ලැබ ඇත. ඔහු / ඇය දැනටමත් සෑහෙන කාලයක් අත් අඩංගුවේ පසුවී ඇති අතර, මෙලෙස ඔහු / ඇය සමාජයීය හා ආර්ථික වශයෙන් දැඩි තහන්චි වලට ලක් වී ඇත.
- මෙම තත්වය තුළ විත්තිකරුට සමාජයේ දී ඔහු / ඇය පුනරුත්ථාපනය කර ගැනීමට හා ඔහුගේ / ඇයගේ ජීවිතය යළි අලුතින් ඇරඹීමට දඬුවම ක්‍රියාත්මක කිරීම නතර කිරීමෙන් ඉඩ දෙන ලෙස අපි සුහදව මෙම උසාවියෙන් ඉල්ලා සිටිමු.

(2) (විත්තිකරු ඔහුගේ / ඇයගේ වරදකාරී බව නොපිළිගත්) සොරකම පිළබඳ නඩුවක නිදර්ශනය

- විත්තිකරු ප්‍රශ්නයට ලක්වූ මුද්ද මිළට ගැනීමට අදහස් කළ අතර, එය සොරකම් කිරීමට අදහසක් නොවූ බැවින්

の故意はなく，無罪です。このことは証拠によって認められる次の事実から明らかであります。

（中略）

・　以上のことから，被告人には窃盗の故意がなく，無罪であります。

21　被告人の最終陳述

（裁）　これで審理を終わりますが，最後に何か言っておきたいことはありますか。

（被）・　申し訳ないことをしたと思います。

・　私は盗むつもりはありませんでした。早く自分の国へ帰らせてください。

22　公判期日の告知

(1)　次回公判期日の告知

（裁）　次回公判期日は，平成○○年１１月８日午前１０時３０分と指定します。

(2)　判決言渡期日の告知

（裁）　それでは，判決は平成○○年１２月６日午後１時にこの法廷で言い渡します。

23　判決宣告

（裁）　被告人に対する○○被告事件の判決を言い渡します。

（判決主文の例については，第３章及び第４章参照）

理由・　当裁判所が証拠により認定した罪となるべき事実（犯罪事実）の要旨は次のとおりである。

・　そこで，所定の法条（法律）を適用して，

සොරකම ගැන වරදකාරි නොවේ. සාක්ෂි වලින් සනාථ කරන ලද පහත කරුණුවලින් මෙය පැහැදිලිය. (කපා හැරෙ)

- මෙම කරුණු ගත් විට, විත්තිකරු සොරකම් කිරීමට අදහස් නොකළ අතර ඔහු / ඇය වරදකාරි නොවේ.

21. විත්තිකරුගේ අවසන් ප්‍රකාශය

(වි) නඩුව සම්පූර්ණ වී තිබේ. මෙම නඩුව සම්බන්ධයෙන් ඔබ කීමට කැමති යමක් තිබේද?

(විත්) • මා කර ඇති දෙය ගැන මම අතිශයින්ම කණගාටු වෙමි.

- මා යමක් සොරකම් කිරීමට අදහස් කළේ නැත. කරුණාකර ඉක්මණින් මගේ රටට ආපසු යෑමට ඉඩ දෙන්න.

22. නඩු විභාග දිනය දැන්වීම

(1) ඊළඟ නඩු විභාග දිනය දැන්වීම

(වි) උසාවිය ඊළඟ නඩු විභාග දිනය ලෙස XXX නොවැම්බර් 8 පෙරවරු 10.30 නියම කරයි.

(2) නඩු තීන්දු දිනය දැන්වීම

(වි) නඩු තීන්දුව XXX දෙසැම්බර් 6 දා, පෙරවරු 1.00 ට මෙම උසාවි ශාලාවේදී දෙනු ලැබේ.

23. නඩු තීන්දුව ප්‍රකාශයට පත්කිරීම

(වි) විත්තිකරුට විරුද්ධ අපරාධ නඩුවේ XXX චෝදනාව පිළිබඳ තීන්දුව දීම දැන් සිදු කෙරේ.

(ප්‍රධාන පාඨය පිළිබඳ නිදර්ශන සඳහා III වැනි හා IV කොටස් බලන්න).

තීන්දුව සඳහා හේතු

- සාක්ෂි පදනම මත මෙම උසාවියට සොයා ගැනීමට ලැබුණු වරද සම්බන්ධ කරුණු නොහොත් සාපරධ කරුණු සාරාංශය පහත පරිදිය.
- එම නිසා, මෙම උසාවියට සොයාගත් දෙයට අදාල නීති යොදා ගනිමින් ප්‍රධාන තීන්දු පාඨය ප්‍රකාශයට පත්

主文のとおり判決する。

・ 刑を定めるに当たって考慮した事情は以下のとおりである。

（判決理由の例については，第5章及び第6章参照）

24 執行猶予の説明

(1) 身柄拘束中の被告人の執行猶予

（裁） 刑事裁判の手続としては，釈放されます。今後〇年間のうちに日本で罪を犯さなければ，刑務所に入らなくてもよくなります。しかし，この〇年間のうちに日本で罪を犯してまた刑に処せられることがあると，この執行猶予は取り消されます。そうなると，今回の懲役〇年の刑を実際に受けなければならなくなります。もちろん，その場合には新たに犯した罪の刑も受けます。そういうことのないように，十分注意してください。

(2) 既に不法残留になっている被告人の執行猶予

（裁） なお，被告人の場合は既に在留期間が経過していますから，この判決の後間もなく，入国管理局において被告人を本国に送還する手続がなされると思います。したがって，結局，送還後〇年間日本に来て犯罪を犯さなければ，今回の刑を受けることはないということになります。

25 未決勾留日数の説明

（裁） 被告人はこれまで相当期間勾留されていますから，

කර තිබේ.

- දඬුවමේ විධිය හා ප්‍රමාණය තීරණය කිරීම සඳහා සැලකිල්ලට ගන්නා සාධක පහත පරිදිය. (තීන්දුවට පදනම් වන හේතු පිළිබඳ නිදර්ශන සඳහා V හා VI කොටස් බලන්න).

24. දඬුවම ක්‍රියාත්මක කිරීම අත්හිටුවීම පැහැදිලි කිරීම

(1) රඳවා තබාගත් විත්තිකරුට දඬුවම ක්‍රියාත්මක කිරීම අත්හිටුවීම

(වි) අපරාධ නීති ක්‍රියාවලිය අනුව, යුෂ්මතා මුදා හැරේ. ඉදිරි අවුරුදු XXX තුළ ජපානයේ නීති කඩ නොකරන තාක් දුරට යුෂ්මතා සිර ගත නොකෙරේ. කෙසේ වුවත්, යුෂ්මතා මේ XXX කාලය තුළ යම් අපරාධයක් කළහොත් හා ඒ සඳහා දඬුවම් දුනහොත්, දඬුවම ක්‍රියාත්මක කිරීම අත්හිටුවීම අවලංගු කෙරෙන අතර අලුත් අපරාධයට යුෂ්මතාට හිමි දඬුවම විඳිනවාට අමතරව යුෂ්මතා උසාවිය විසින් නියම කරනXXX අවුරුද්ද හෝ අවුරුද්ද සඳහා අනිවාර්ය වැඩ සහිත සිර දඬුවමකටද යටත් වනු ඇත, එවැනි අවස්ථාවක් නොවීමට වගබලා ගත යුතු වේ.

(2) දැනටමත් නීති විරෝධී ලෙස ජපානයේ වාසය කර ඇති විත්තිකරුවකුට දඬුවම ක්‍රියාත්මක කිරීම අත්හිටුවීම

(වි) යුෂ්මතාගේ නීතියානුකූල වාස කාලය දැනටමත් අවසන් වී ඇති තිබේ. මෙම තීන්දුව දීම අවසන්කල වහාම යුෂ්මතා ආගමන බියුරෝවේ (කාර්යාංශයේ) පිට මං කිරීමේ ක්‍රියාවලියට යටත් විය හැකිය. මේ නිසා පිටමං කොට අවුරුදු XXX තුළ යලි පැමිනියාට පසුව ජපානයේදී අපරාධයක් නොකරනතාක් දුරට යුෂ්මතා ඇත්ත වශයෙන්ම සිරගත නොකරනු ඇත.

25. නඩු විභාගය අපේක්ෂාවෙන් රඳවා සිටි දින දඬුවමට ඇතුලු කිරීම.

(වි) යුෂ්මතා දැනටමත් සෑහෙන කාලයක්මේ ලෙස රඳවා තබාගනු ලැබ ඇත. එම කරුන සලකා බලා එයින් දින XXX ක්

そのうちの○日間は既に刑の執行を受け終わったものとします。したがって，言い渡した○年○か月の刑から実際には○日間が差し引かれることになります。

26　保護観察の説明

（裁）　保護観察というのは，国の機関である保護観察所の保護観察官の指導監督によって，被告人が再び間違いを起こすことのないように手助けする制度です。普通は毎月１回以上保護観察所に所属する保護観察官のもとにいる保護司という人と会って，被告人の日ごろの生活について指導を受けることになります。

この判決の確定後，速やかに，保護観察所に出頭して保護観察所の説明を受けてください。保護観察所では，守らなければならない事項について指示されますが，もし，この遵守事項を守らない場合には，この刑の執行猶予を取り消されることがあります。また，再び犯罪を犯して禁錮以上の刑に処せられた場合には法律上執行猶予を付けることができないので，そのようなことのないよう十分注意してください。

27　上訴権の告知

（裁）　この判決に不服がある場合には，控訴〈上告〉の申立てをすることができます。その場合には，明日から１４日以内に○○高等裁判所〈最高裁判所〉あての控訴〈上告〉申立書をこの裁判所に差し出してください。

第３章　第一審における判決主文の例

１　有罪の場合

සිර ගත කිරීම ක්‍රියාත්මක වන කාලය ලෙස තීන්දු කළ හැකි බව පෙනියන හෙයින්. ඒ නිසා දඬුවම් නියමයේදී ප්‍රකාශිත අවුරුදු XXX මාස XXX කාලය, දින XXX න් අඩුකෙරේ.

26. පරිවාසය පහැදිලි කිරීම

(වි) පරිවාස කාර්යාලයට අනුයුක්ත කෙරුණු රජයේ පරිවාස නිළධාරීන්ගේ අධීක්ෂණය යටතේ වූ පුනරුත්ථාපන ක්‍රියාවලියේ දී, පරිවාසය වැරදි කරුවකුට සහය වීමක් සිදුකරනු ලබයි. ඒ අනුව එදිනෙදා ජීවිතය ගැන උපදෙස් ඔහුට / ඇයට ලැබුවද, වැරදිකරු මාසකට කීප වරක් රජයේ පරිවාස නිළධාරයකුගේ අධීක්ෂණය යටතේ වූ ස්වෙච්ජා පරිවාස නිලධාරියකුට වාර්ථා කිරීමක් සිදු කළ යුතුය.

මෙම නඩු තීන්දුව අවසාන තීන්දුව වූ වහාම යුෂ්මතා රජයේ පරිවාස නිලධාරියකුට වාර්ථා කොට, උපදෙස් පිළිපැදීමට යුෂ්මතා අපොහොසත් වුවහොත් දඬුවම අත්හිටුවීම අවලංගු කිරීමට යටත්ය.

ඊටත් වඩා යුෂ්මතා තවත් අපරාධයක් කොට අනිවාර්ය වැඩ රහිතව සිර ගත කරනු ලැබුවහොත් හෝ ඊට වඩා වැඩි දඬුවමක් ලදහොත් දඬුවම අත්හිටුවනු ලැබීමට නීත්‍යානුකූල පිටුවහලක් නැත. මේ නිසා මම යුෂ්මතාට යහපත් චර්යාවෙන් පසුවන ලෙස අවවාද කරමි.

27. අභියාචනා කිරීමේ අයිතිය දැනුම් දීම

(වි) යුෂ්මතා, මෙම නඩු තීන්දුව පිළිබඳ යම් ආකාරයක අතෘප්ත බවක් හෝ වෙනයම් ආකාරයේ නොසතුටු බවක් ඇතිනම්, යුෂ්මතාට කොසෝ < ජොකොකු > අභියාචනය කිරීම සඳහා අයිතියක් මෙන්ම අවකාශ ඇත. යුෂ්මතාමේ කරුනු සැලකිල්ලට ගෙන අභියාචනා කිරීමට තීරණය කළ හොත් XXX ඉහළ උසාවියට < ශ්‍රේෂ්ඨාධිකරණයට > යොමු කොට, හෙට සිට පටන් දින 14 ක් ඇතුළත මෙම උසාවියට ඉදිරිපත් කරන ලෙස මෙයින් අවවාද කරනු ලබයි.

3. පළමු අවස්ථා උසාවියේ නඩු තීන්දු පිළිබඳ නිදර්ශන

1. වරදකාරී තීන්දුව

(1)　主刑

ア　基本型

・　被告人を懲役〈禁錮〉１年に処する。

・　被告人を罰金２０万円に処する。

・　被告人を拘留１０日に処する。

イ　少年に不定期刑を言い渡す場合

被告人を懲役１年以上２年以下に処する。

ウ　併科の場合

被告人を懲役１年及び罰金２０万円に処する。

エ　主文が２つになる場合

被告人を判示第１の罪について懲役１年に，判示第２の罪について懲役２年に処する。

(2)　未決勾留日数の算入

ア　基本型

未決勾留日数中３０日をその刑に算入する。

イ　本刑が数個ある場合

未決勾留日数中３０日を判示第１の罪の刑に算入する。

ウ　本刑が罰金・科料の場合

未決勾留日数中３０日を，その１日を金５０００円に換算して，その刑に算入する。

エ　刑期・金額の全部に算入する場合

・　未決勾留日数中，その刑期に満つるまでの分をその刑に算入する。

・　未決勾留日数中，その１日を金５０００円に換算してその罰金額に満つるまでの分を，その刑に算入

(1) ප්‍රධාන දඬුවම

A) මූලික සම්මතය

- විත්තිකරු අනිවාර්ය වැඩ සහිතව, < හෝ අනිවාර්ය වැඩ රහිතව > එක් අවුරුද්දකට මෙයින් සිර ගත කෙරේ.
- විත්තිකරු යෙන් 200000 ක දඩයකට මෙයින් යටත් කෙරේ.
- විත්තිකරු දින 10 ක වැඩ රහිත දණ්ඩන රඳවා තැබීමකට මෙයින් පත් කෙරේ.

B) බාල විත්තිකරුවකුට දඬුවම

අවුරුදු දෙක නොයික්මවන්නාවූ එක් අවුරුදු අවම කාලයක අනිවාර්ය වැඩ ඇතිව සිර දඬුවමකට විත්තිකරු යටත් කෙරේ

C) සිරගත කිරීම හා දඩය යන සමගාමී දඬුවම

විත්තිකරු මෙයින් අනිවාර්ය වැඩ සහිත එක් අවුරුදු සිර දඬුවමකට හා යෙන් 200000 ක දඩයකට යටත් කෙරේ.

D) වෙන වෙනම දඬුවම

විත්තිකරු ප්‍රථම වරදට අනිවාර්ය වැඩ සහිත එක් අවුරුදු සිර ගත කිරීමකට හා දෙවන වරදට අනිවාර්ය වැඩ සහිත අවුරුදු දෙකක සිර ගත කිරීමකට ද මෙයින් යටත් කෙරේ.

(2) නඩු විභාගය අපේක්ෂාවෙන් රඳවා තබා ගැනුණු දින දඬුවම කාලයට එකතු කිරීම

A) මූලික සම්මතිය

නඩු විභාගය අපේක්ෂාවෙන් රඳවා තබා ගැනුණු මුලු දින ගනණින් දින 30 ක් සිර දඬුවම් කාලයෙන් අඩු කෙරේ.

B) වෙනම දඬුවම්

නඩු විභාගය අපේක්ෂාවෙන් රඳවා තබා ගැනුණු මුලු දින ගනණින්, දින 30 ක් ප්‍රථම වරද සඳහා වු සිර දඬුවමින් අඩු කෙරේ.

C) ප්‍රධාන දඬුවම දඩයක් හෝ සුළු දඩයක් වු විට නඩු විභාගය අපේක්ෂාවෙන් රඳවා තබා ගැනුණු මුලු දින ගනණින්, එක් දිනක් යෙන් 5000 ක් සේ සලකා දින 30 කට සමාන ගණනක් දඩ ප්‍රමාණයෙන් අඩු කෙරේ.

D) නඩු විභාගය අපේක්ෂාවෙන් රඳවා තබා ගැනුණු මුලු දින ගනණ සිර ගත කෙරෙන මුළු කාලය හෝ මුළු දඩ ප්‍රමාණයට හිලවු කිරීම සඳහා අඩු කිරීම

  - මුලු සිර දඬුවම් කාලය ට හිලවු වෙන ලෙස, නඩු විභාගය අපේක්ෂාවෙන් රඳවා තබා ගැනුණු මුලු දින ගනණින් කොටසක් උක්ත සිර දඬුවම් කාලයෙන් අඩු කෙරේ.
  - නඩු විභාගය අපේක්ෂාවෙන් රඳවා තබා ගැනුණු මුලු දින ගනණින්, එක් දිනක් යෙන් 5000 ක් සේ සලකා,

する。

(3) 労役場留置

ア 基本型

その罰金を完納することができないときは，金５００
０円を１日に換算した期間被告人を労役場に留置する。

イ 端数の出る場合

その罰金を完納することができないときは，金６００
０円を１日に換算した期間（端数は１日に換算する。）
被告人を労役場に留置する。

(4) 刑の執行猶予

この裁判が確定した日から３年間その刑の執行を猶予する。

(5) 保護観察

被告人をその猶予の期間中保護観察に付する。

(6) 補導処分

被告人を補導処分に付する。

(7) 没収

ア 基本型

押収してある短刀１本（平成○○年押第○○号の１）を没収する。

イ 偽造・変造部分の没収

押収してある約束手形１通（平成○○年押第○○号の１）の偽造部分を没収する。

ウ 裁判所が押収していない物の没収

○○地方検察庁で保管中の約束手形１通（平成○○年

සමාන දින ගණනක් මුළු දඩයම හිලවු වන ලෙස දඩයෙන් අඩු කෙරේ.

(3) දඩය නොගෙවීම වෙනුවෙන් වැඩ නිවසක රැඳවීම

A) මූලික සම්මතය

උක්ත මුලු දඩ මුදල් ප්‍රමාණය ගෙවීමට විත්තිකරු අපොහොසත් නම්, ඔහු / ඇය නොගෙවූ සෑම යෙන් 5000 ක්ම එක් දිනයක් සේ සලකා සමාන දින ගණනක් වැඩ නිවසක රැඳවිය හැකිය.

B) කොටස්

උක්ත මුලු දඩ මුදල් ප්‍රමාණය ගෙවීමට විත්තිකරු අපොහොසත් නම්, ඔහු / ඇය නොගෙවූ සෑම යෙන් 6000 ක් ම එක් දිනක් වශයෙන් හා දවසක සෑම කොටසක් හෝ භාගයක්ම සම්පූර්ණ දවසක් සේ ද ගෙන පරිවර්තනය කොට සමාන දින ගණනක් වැඩ නිවසක රැඳවිය හැකිය.

(4) දඬුවම ක්‍රියාත්මක කිරීම අත් හිටුවීම

දඬුවම නියම වශයෙන් ක්‍රියාත්මක වන දින සිට අවුරුදු 3 කට උක්ත දඬුවම ක්‍රියාත්මක කිරීම අත් හිටුවිය හැකිය.

(5) පරිවාස අධීක්ෂණය

දඬුවම ක්‍රියාත්මක කිරීම අත්හිටවූ උක්ත කාලය තුළ විත්තිකරු පරිවාස අධීක්ෂණයට යටත් කෙරේ.

(6) මාර්ගෝපදේශක නියාදනය

විත්තිකරු මෙයින් මාර්ගෝපදේශක නියාදනයට ලක්විය යුතුය.

(7) රාජ සන්තක කිරීම

A) මූලික සම්මතය

තහනමට යටත් වූ කිණිස්ස (XXX රාජ සන්තක අංක XXX – 1 රාජ සන්තක කරීම කරනු ලබයි.

B) ව්‍යාජ හෝ කොටස් වෙනස් කල ලේඛණ රාජසන්තක කිරීම තහනමට යටත් වූ පොරොන්දු නෝට්ටුවේ ව්‍යාජ කොටස (XXX රාජසන්තක අංක XXX – 1) රාජ සන්තක කෙරේ.

C) උසාවියේ තහනමට යටත් නොවූ භාණ්ඩයක් රාජ සන්තක කිරීම

XXX දිස්ත්‍රික්කයේ රාජ්‍ය චෝදක ගේ කාර්යාලය භාරයේ තිබෙන පොරොන්දු නෝට්ටුව (XXX දි.අංක XXX – 1) රාජ

○地領第○○号の１）を没収する。

エ　犯罪被害財産の没収

○○地方検察庁で保管中の現金８００万円（平成○○年○地領第○○号の１，当該現金は犯罪被害財産）を没収する。

(8)　追徴

ア　基本型

被告人から金１０万円を追徴する。

イ　犯罪被害財産の価額の追徴

被告人から金３００万円（当該金３００万円は犯罪被害財産の価額）を追徴する。

(9)　被害者還付

ア　基本型

押収してある本１冊（平成○○年押第○○号の１）を被害者Ａに還付する。

イ　被害者不明の場合

押収してある本１冊（平成○○年押第○○号の１）を被害者（氏名不詳）に還付する。

ウ　被害者が死亡した場合

押収してある本１冊（平成○○年押第○○号の１）を被害者Ａの相続人に還付する。

(10)　仮納付

被告人に対し，仮にその罰金に相当する金額を納付すべきことを命ずる。

(11)　訴訟費用の負担

සන්තක කෙරේ.

D) අපරාධයෙන් උපදවාගත් වත්කම් රාජසන්තක කිරීම

යෙන් 8000000 වටිනාකමින් XXX දිස්ත්‍රික්කයේ රාජ්‍ය චෝදක ගේ කාර්යාලය භාරයේ තිබෙන

(__________දිස්ත්‍රික්කයේ රාජ්‍ය චෝදක ගේ කාර්යාලය භාරයේ තිබෙන) XXX. භාණ්ඩ අංක XXX – 1

අපරාධ වලින් උපයා ගන්නා ලදැයි නම් කරනු ලබන මුදලක් රාජ සන්තක කෙරේ.

(8) සමාන වටිනාකම ලබා ගැනීම

A) මූලික සම්මතය

විත්තිකරු රාජ සන්තක කිරීම වෙනුවට සමාන වටිනා කමින් යුත් යෙන් 100000 මුදලක් ගෙවීම කළ හැකිය.

B) අපරාධ වලින් උපයා ගන්නා ලදැයි නම් කරනු ලබන වත්කම් වලට සමාන වටිනාකමක් අයකරගැනීම

විත්තිකරු රාජ සන්තක කිරීම වෙනුවට යෙන් 3000000 මුදලක් (අපරාධ වලින උපයා ගන්නා ලදැයි නම් කරනු ලබන යෙන් 3000000 මුදලක්) වත්කම් වෙනුවෙන් ගෙවිය යුතුයි.

(9) තහනම් කළ දෙය විපතට පත් පුද්ගලයාට ප්‍රතිෂ්ඨාපනය කිරීම.

A) මූලික සම්මතය

තහනමට ලක්වූ ග්‍රන්ථය (XXX රාජසන්තක අංක XXX – 1) විපතට පත් A. නම් තැනැත්තාට ආපසු දිය යුතු වෙයි.

B) නාඳුණන විපතට පත් තැනැත්තා

දැනට නම නොදත් විපතට පත් තැනැත්තාට, තහනමට ලක් වු ග්‍රන්ථය (XXX රාජසන්තක අංක XXX – 1) ආපසු දිය යුතු ය.

C) මිය ගිය විපතට පත් (ගොදුරු) වු තැනැත්තා

විපතට පත් A. ගේ උරුමක්කාරයන්ට තහනමට ලක් වු ග්‍රන්ථය (XXX රාජසන්තක අංක XXX – 1) ආපසු දිය යුතුය.

(10) තාවකාලික ගෙවීම

උක්ත දඩයට සමාන ප්‍රමානයක් තාවකාලිකව ගෙවීමක් වලසට ගෙවන ලෙස විත්තිකරුට නියෝග කෙරේ.

(11) නඩු වියදම

・　訴訟費用は被告人の負担とする。

・　訴訟費用は被告人両名の連帯負担とする。

・　訴訟費用は，その2分の1ずつを各被告人の負担とする。

・　訴訟費用のうち，証人Aに支給した分は被告人の負担とする。

・　訴訟費用中通訳人○○○○に支給した分を除き，その余の分は被告人の負担とする。

⑿　刑の執行の減軽又は免除

・　その刑の執行を懲役1年に減軽する。

・　被告人を懲役1年に処し，その刑の執行を免除する。

⒀　刑の免除

被告人に対し刑を免除する。

2　無罪・一部無罪の場合

⑴　無罪

被告人は無罪。

⑵　一部無罪

本件公訴事実中詐欺の点については，被告人は無罪。

3　その他の場合

⑴　免訴

被告人を免訴する。

⑵　公訴棄却

本件公訴を棄却する。

⑶　管轄違い

本件は管轄違い。

- නඩු වියදම විත්තිකරු විසින් ගෙවිය යුතුය.
- විත්තිකරුවන් තනි තනිවත් සාමූහිකවත් නඩු වියදම්වලට වගකිව යුතුය.
- නඩු වියදම විත්තිකරු විසින් සමාන කොටස් ඒ ආකාරයෙන් ගෙවිය යුතුය.
- නඩු වියදම විත්තිකරුවන් සමාන කොටසක් හැටියට A නම් සාක්ෂිකරුට ගෙවූ ප්‍රමානය විත්තිකරු විසින් ගෙවිය යුතුය.
- XXX නම් පරිවර්තකයගේ වියදම් හැරුනු විට අනෙක් සියලුම නඩු වියදම් ගෙවීමට විත්තිකරුට නියෝග කෙරේ.

(12) දඬුවම ක්‍රියාත්මක කිරීම අඩු කිරීම හෝ ලිහිල් කිරීම.

- උක්ත දඬුවම ක්‍රියාත්මක කිරීම එක් අවුරුදු සිර දඬුවමකට අඩු කෙරේ.
- විත්තිකරුට අනිවාර්ය වැඩ සහිත එක් අවුරුදු සිර දඬුවමක්නියම කෙරෙන අතර, උක්ත දඬුවම ක්‍රියාත්මක කිරීම ලිහිල් කෙරේ.

(13) දඬුවම ලිහිල් කිරීම.

විත්තිකරුට දඬුවම ලිහිල් කිරීමක් මෙයින් ප්‍රදානය කෙරේ.

2. වැරදි කරු හා චෝදනාවලින් කොටසකට නිවැරදිකරු කරන නඩු තීන්දු.

(1) නිවැරදි කරු.

විත්තිකරු නිවැරදිකරුය යි මෙයින් ප්‍රකාශ කෙරේ.

(2) චෝදනාවලින් කොටසකට නිවැරදිකරු.

විත්තිකරු වංචා කිරීමේ චෝදනාවට නිවැරදිකරුය යි මෙයින් ප්‍රකාශ කෙරේ.

3. වෙනත් තීන්දු.

(1) බාහිර හේතු මත නිදහස් කිරීම

විත්තිකරු මෙයින් නිදහස් කෙරේ. (බාහිර හේතුවක් මත)

(2) අධිචෝදනාව නිෂ්ප්‍රභා කිරීම

අධිචෝදනාව මෙයින් නිෂ්ප්‍රභා කෙරේ.

(3) අධිකරණ බලාධිකාරයක් නැතිකම.

නඩුව මෙම උසාවියේ බලාධිකාරයට ඇතුලත් නොවේ.

第４章　控訴審における判決主文の例

1　控訴棄却・破棄

(1)　控訴棄却

・　本件控訴を棄却する。

・　本件各控訴を棄却する。

・　本件控訴中被告人○○に関する部分を棄却する。

(2)　破棄自判

・　原判決を破棄する。被告人を懲役○年○月に処する。

・　原判決中有罪部分を破棄する。被告人は無罪。

・　被告人らに対する各原判決を破棄する。被告人Ａを懲役１年に，被告人Ｂを懲役６月にそれぞれ処する。

・　原判決中被告人○○に関する部分を破棄する。被告人○○を懲役３年に処する。

(3)　破棄差戻し

原判決を破棄する。本件を○○地方裁判所に差し戻す。

(4)　破棄移送

原判決を破棄する。本件を○○地方裁判所に移送する。

2　未決勾留日数の算入

・　当審における未決勾留日数中○○日を原判決の刑に算入する。

・　原審における未決勾留日数中○○日をその刑に算入する。

3　訴訟費用の負担

・　当審における訴訟費用中通訳人○○○○に支給した分を除き，その余の分は被告人の負担とする。

4. කොසෝ අභියාචන උසාවියේ නඩු තීන්දු පිළිබඳ නිදර්ශන

1. කොසෝ අභියාචන නිෂ්ප්‍රභා කිරීම, ප්‍රතිවර්තනය, හා භාරයට ගැනීම

(1) අභියාචනය නිෂ්ප්‍රභා කිරීම

- කොසෝ අභියාචනය නිෂ්ප්‍රභා කෙරේ.
- මෙම නඩුවේ සියලුම කොසෝ අභියාචනය නිෂ්ප්‍රභා කෙරේ.
- XXX විත්තිකරුට විරුද්ධ චෝදනාව පිළිබඳ කොසෝ අභියාචනය නිෂ්ප්‍රභා කෙරේ.

(2) ප්‍රතිවර්තනය කොට නඩුවේ තීන්දුව දීම

- විත්තිකරුට අනිවාර්ය වැඩ සහිත අවුරුදු XXX මාස XXX ක සිර දඬුවමක් පැනවේ.
- මුල් නඩු තීන්දුවේ වරදකාර කොටස නිෂ්ප්‍රභා කෙරේ. විත්තිකරු නිවැරදිකරු බවට මෙයින් ප්‍රකාශ කෙරේ.
- විත්තිකරුවන්ට විරුද්ධව දෙනු ලැබූ එක් එක් තීන්දු ප්‍රකාශ කෙරේ. A විත්තිකරුට අනිවාර්ය වැඩ සහිත එක් අවුරුදු සිර දඬුවමක් පැනවේ. B විත්තිකරුට අනිවාර්ය වැඩ සහිත මාස හයක සිර දඬුවමක් පැනවේ.
- XXX විත්තිකරුවට විරුද්ධ මුල් නඩු තීන්දුව නිෂ්ප්‍රභා කෙරේ. විත්තිකරු XXX ට මෙයින් අනිවාර්ය වැඩ සහිත අවුරුදු තුනක සිර දඬුවමක්

(3) තීන්දුව ප්‍රතිවර්තනය කොට නැවත උසාවියට නඩුව භාර දීම

මුල් නඩු තීන්දුව නිෂ්ප්‍රභා කෙරේ. නඩුව XXX දිස්ත්‍රික් උසාවියට භාර කෙරේ.

(4) නඩු ප්‍රතිවර්තනය කොට නැවත වෙනත් උසාවියට මාරු කිරීම

මුල් තීන්දුව නිෂ්ප්‍රභා කෙරේන අතර නඩුව XXX දිස්ත්‍රික් උසාවියට මාරු කරනු ලැබේ.

2. නඩු තීන්දුව අපේක්ෂාවෙන් රඳවා තබා ගත් දින දඬුවම් කාලයට එකතු කිරීම

- මුල් නඩු තීන්දුවේ දී නියම කරන ලද දඬුවම් කාලයෙන්. අභියාචන නඩුව අපේක්ෂාවෙන් විත්තිකරුවකු රඳවා තබා ගනු ලැබූ දින XXX අඩු කළ හැකිය.
- පහළ උසාවියේ නඩු තීන්දුව අපේක්ෂාවෙන් රඳවා ගැනීම යටතේ සිටි මුලු දින ගණනින් දින XXX ක් සිර ගත කරන කාලයෙන් අඩු කළ හැකිය.

3. නඩු වියදම් ගෙවීම

- භාෂා පරිවර්තක XXX ගේ වියදම් හැරෙන්නට, මෙම උසාවියේ නඩු වියදම් විත්තිකරු විසින් ගෙවිය යුතුය.

・　原審における訴訟費用中証人○○○○に支給した分
　　　　は，被告人の負担とする。
第5章　第一審における判決理由
　1　罪となるべき事実
　　(1)　不正作出支払用カード電磁的記録供用罪及び窃盗罪の例
　　　　「被告人は，A名義のキャッシュカードを構成する人の財産上の事務処理の用に供する電磁的記録を不正に作出して構成されたB名義のキャッシュカードの外観を有する不正電磁的記録カード1枚を使用して，金員を窃取しようと企て，平成○○年6月12日午前11時30分ころ，東京都杉並区西荻窪4丁目2番5号所在のC銀行西荻窪支店において，前後2回にわたり，人の財産上の事務処理を誤らせる目的で，上記カードを同所設置の現金自動預払機に挿入させて同カードの電磁的記録を読み取らせて同機を作動させ，同カードの電磁的記録を人の財産上の事務処理の用に供するとともに，同機からC銀行西荻窪支店長管理に係る現金50万円を引き出して窃取したものである。」
　　(2)　覚せい剤取締法違反罪の例
　　　　「被告人は，法定の除外事由がないのに，平成○○年4月5日午後6時30分ころ，山中市山田町3番6号の被告人方において，覚せい剤であるフェニルメチルアミノプロパン約0．04グラムを含有する水溶液0．25ミリリットルを自己の左腕に注射し，もって，覚せい剤を使用したものである。」
　　(3)　大麻取締法違反罪の例

- පහළ උසාවියේ සම්පූර්ණ නඩු වියදම්වල කොටසක් හැටියට XXX නම් සාක්ෂිකරුට ගෙවන ලද මුළු ප්‍රමාණය, විත්තිකරු විසින් ගෙවිය යුතුය.

5. **පළමු අවස්ථා උසාවියේ නඩු තීන්දු සඳහා පදනම**

1. වරදක් සමන්විත කෙරෙන සාධක

(1) අනවසරයෙන් සාදන ලද විද්‍යුත් චුම්බක වාර්තා දත්තයන් මූල්‍ය කාඩ්පත්වලට යොදවීම, එසේම ඒ මගින් කෙරෙන මූල්‍ය සොරකම්.

විත්තිකරු අනවසරයෙන් සාදන ලද ව්‍යාජ විද්‍යුත් චුම්බක වාර්තා දත්තයන් සකස් කොට එම වාර්ථාවන් හා දත්තයන් මූල්‍ය කාඩ් පත්වලට ඇතුලත්කොට එම සකස්කොට යොදා ගන්නා ලද මූල්‍ය කාඩ්පතක් භාවිතා කරමින් වරින්වර කීප වරක්ම මුදල් සොරකම් කිරීමට උත්සාහ කලේය. මෙම විද්‍යුත් චුම්බක වාර්තා දත්තයන් අනවසරයෙන් සාදන ලද විද්‍යුත් චුම්බක වාර්තා දත්තයන් වන අතර ඒවා වෙනත් අයකුගේ මූල්‍ය හා මූල්‍ය සංපත් පරිපාලනය සඳහා යොදා ගනු ලබයි. A නමින් සඳහන් පුද්ගලයාගේ නමින් නිකුත්කර ඇති කාඩ්පතේ විද්‍යුත් චුම්බක වාර්තා දත්තයන් B නමින් හඳුන්වන පුද්ගලයාගේ නමින් පෙනී සිටමින් මුදල් හා මූල්‍ය කටයුතු කරනු ලබයි. XXX ජුනි 12 දින පෙරවරු 11.30 ට පමණ නිෂි-ඔගිකුබෝ හි පිහිටි C නමින් සඳහන් බැංකුවේ බැංකු ශාඛා කාර්යාලය පිහිටා ඇති තෝකියෝ නගරයේ, සුගිනම්-කු පරිපාලන ප්‍රදේශයේ, නිෂි-ඔගි කුබෝ හි අංක 4-2-5 දරණ ස්ථානයේදී විත්තිකරු දෙවරක්ම එම කියන ලද ව්‍යාජ මෙන්ම අනවසරයෙන් සකස් කරන ලද මූල්‍ය කාඩ්පත සවයංක්‍රියව මුදල් පිටතට ලබා ගතහැකි ටෙලර් යන්ත්‍රයට ඇතුලත්කොට, වෙනත් අයකු විසින් පාලනය කරනු ලබන මූල්‍ය කටයුතු හා මූල්‍ය සංපත් ලබා ගැනීමේ අරමුනින් නිෂි-ඔගිකුබෝ, C බැංකුවේ ශාඛාවේ අධීක්ෂණය යටතේ පාලනය වන යෙන් 500 000 මුදලක් වංචා සහගතව නෝට්ටු වලින් ලබාගෙන ඇත.

(2) නිදර්ශනය උත්තේජක ඖෂධ පාලන නීතිය කඩකිරීම

විත්තිකරු XXX අප්‍රේල් 5 වෙනිදා අපර භාග 6.30 ට පමණ යමනකා නගරයේ, යමදා චෝ 3-6 දරණ ඔහුගේ / ඇයගේ නිවසේ දී සුවිශේෂ ප්‍රතිකාර සඳහා නීති පදනමක් නැතිව ෆෙනිල්-මිකයිල් ඇමිනෝ - ප්‍රොපේන් නම් උත්තේජක ඖෂධය ග්‍රෑම් 0.04 ක් පමණ අඩංගු ජල සාන්ද්‍රණයක මිලි ලීටර් 0.25 පමණ එන්නත් කර ගත්තේ ය.

(3) නිදර්ශනය කංසා පාලන නීතිය කඩ කිරීම

「被告人は，みだりに，大麻を輸入しようと企て，大麻草７０．９４グラム（種子を含む）を自己の着用する両足靴下底にそれぞれ隠匿携帯した上，〇〇〇〇年５月３日（現地時間），Ａ国〇〇国際空港から〇〇航空０１７便の航空機に搭乗し，平成〇〇年５月４日午後零時３０分ころ千葉県成田市所在の成田国際空港に到着し，大麻を身につけたまま同航空機から本邦に上陸し，もって，本邦内に大麻を輸入したものである。」

(4)　麻薬及び向精神薬取締法違反罪の例

　　「被告人は，みだりに，平成〇〇年６月１０日午後６時ころ，東京都千代田区田中町３番１号の被告人方洋服ダンス内に麻薬である塩酸ジアセチルモルヒネの粉末約１０グラムを所持したものである。」

(5)　売春防止法違反罪の例

　　「被告人は，売春をする目的で，平成〇〇年１０月８日午後１１時２０分ころから同日午後１１時４５分ころまでの間，横浜市港北区新横浜２丁目５番１０号喫茶店「かおり」横付近から同区同町２丁目２番４号葵銀行新横浜支店前に至る間の路上をうろつき，あるいは立ち止まるなどし，もって，公衆の目にふれるような方法で客待ちをしたものである。」

(6)　強盗致死罪の例

　　「被告人は，遊興費欲しさとうっ憤晴らしのために，適当な相手を見つけて袋だたきにして所持金等を強取しようと考え，Ａ，Ｂと共謀の上，平成〇〇年１２月３日午前３

සුවිශේෂ ඖෂධ ප්‍රතිකාර සඳහා නීති පදනමක් නොමැති විත්තිකරු කංසා ආනයනය කිරීමේ අදහසින්, XXX මැයි 3 වැනිදා A නම් රටේ XXX ජාත්‍යන්තර ගුවන් තොටුපළෙන් එයාර් ලයින් අංක 017 දරණ ගුවන් යානයට (එහි වේලාවෙන්) කංසා කොළ හා ඇට 70.94 ක් ඔහු / ඇයගේ මේස්වල අඩියේ සඟවා ගෙන ඇතුළු විය. XXX මැයි 4 වැනිදා චිබා ප්‍රිෆෙක්චරියේ නරිටා නගරයේ පිහිටි නව තෝකියෝ ජාත්‍යන්තර ගුවන් තොටුපළෙන් විත්තිකරු XXX පස්වරු 0.30 මේ රටට පැමිණි විට, මෙරටට ගොඩ බැසීමෙන් හා ගුවන් යානයෙන් පිටතට පැමිණීමෙන්, ඔහු / ඇය තමා ළඟ තිබූ කංසා මෙරටට ආනයනය කළේය.

(4) නිදර්ශනය මත්ද්‍රව්‍ය හා සයිකොට්‍රොපික පාලන නීතිය කඩ කිරීම

සුවිශේෂ ඖෂධ ප්‍රතිකාර සඳහා නීති පදනමක් නොමැති විත්තිකරු XXX ජූනි 10 දා අපර භාග 6.00 ට පමණ තෝකියෝ, චියෝඩා-කු, ටනාකා-චෝ, අංක 3-1 අරණ ඔහුගේ / ඇයගේ නිවසේ ඇඳුම් අල්මාරියේ හයිඩ්‍රොක්ලෝරික් ඇසිඩ් මෝර්ෆීන් ග්‍රෑම් 10 ක් ළඟ තබා ගත්තේය.

(5) නිදර්ශනය ගණිකා විරෝධී නීතිය කඩකිරීම

XXX ඔක්තෝබර් 8 වැනිදා පස්වරු 11.20 හා 11.45 අතර කාලයේ, කනගාවා ප්‍රිෆෙක්චරයේ, යොකොහාමා නගරයේ, කෞහොකු-කු මික්-යොකොහාමා 2-5-10 පිහිටි කඹිරි කෝපි හල හා මින්-යොකොහොමා 2-2-4 පිහිටි අඹයි බැංකුව අතර, විත්තිකරු ගණිකා කටයුත්තක අරමුණ ඇතිව නිකරුනේ ඇවිදීම හෝ නතර වී සිටීම කළේය. මෙලෙස විත්තිකරු, ප්‍රසිද්ධියේ පෙනෙන පරිදි අනුග්‍රහකයක් සඳහා බලා සිටියේය.

(6) නිදර්ශනය මරණයට තුඩු දුන් සොරකම

විත්තිකරු, තම විනෝද වියදම් සඳහා මුදල් සොයා ගැනීමටත් ඔහුගේ / ඇයගේ ආක්‍රමණශීලීත්වය පෙන්වීමටත් කිසියම් කෙනෙකුට පහර දී ඔහුගේ / ඇයගේ මුදල් පසුම්බිය හෝ දේපල සොරා ගැනීමට සිතුවේය. එකිනෙකා අතර

時１０分ころ，さいたま市大宮区高鼻町１４番１号付近の路上において，たまたま通りかかったＣ（当時２０歳）に対し，被告人，Ａ，Ｂにおいてこもごも，その顔面，頭部，腹部等を多数回にわたってこぶしで殴り，力一杯蹴り付けるなどの暴行を加えた上，Ａにおいて，抵抗できなくなったＣからその所有する現金３万２０００円くらいが入った財布１個を奪い取ったが，その際前記各暴行によって，Ｃに対し左側急性硬膜下血腫，脳挫傷，外傷性くも膜下血腫の傷害を負わせ，同月１３日午後4時１２分ころ，さいたま市大宮区盆栽町２丁目３番２号大宮病院において，それらの傷害により同人を死亡させたものである。」

(7)　自動車運転過失傷害罪の例

「被告人は，平成○○年９月１２日午前９時３０分ころ，普通乗用自動車を運転し，東京都武蔵野市吉祥寺東町３１番地付近道路先の左方に湾曲した道路を荻窪方面から三鷹方面に向かい時速約５０キロメートルで進行していた。こういった場合，自動車運転者としては前方を注視し，ハンドル操作を正しく行って進路を適正に保って進行すべき自動車運転上の注意義務がある。しかしながら，被告人は足元に落とした地図を拾うのに気を奪われたためこの注意義務に違反して，前方注視を欠き，ハンドルから一瞬手を離したまま，時速約５０キロメートルで進行するという過失を犯した。このため，車は対向車線に進入して，対面進行してきたＡ運転の大型貨物自動車の右側面に衝突した上，その衝撃で更に前方に進出して，Ａ運転車両の後方から進

කුමන්ත්‍රණය කිරීමෙන් පසුව, A හා B යන විත්තිකරුවෝ XXX දෙසැම්බර් 3 දා පෙරවරු 3.10 ට පමණ සයිටමා නගරයේ, ටකගානා-චෝම් 14-1 අවට වීදියේදී එම ස්ථානය පසුකර යමින් සිටි (අපරාධය සිදුවන අවස්ථාවේ අවු. 20 වයසැති) කෙනෙකුට මුහුණට, හිසට, උදරයට හා ඔහුගේ / ඇයගේ ශරීරයේ වෙනත් කොටස්වලටත් ශක්තිය යොදා අතින් පයින් පහර දුන්හ. තව දුරටත් ප්‍රතිරෝධය වැලැක්වීමට නොහැකි C ගෙන්, යෙන් 32000 පමණ තිබු මුදල් පසුම්බිය A පැහැර ගත්තේය. A හා B යන විත්තිකරුවෝ ඉහත සඳහන් පහර දීම් වල ප්‍රතිඵලයක් වශයෙන් දරුණු වාම සබ්ඩුරල් හෙමටෝමා, මොලයේ තැලීම හා ට්‍රෝමැටික් සබ්රාක්නොයිඩ් හෙමටොමා නිසා, සයිටමා නගරයේ, බොන්සායි චෝම් 2-3-2 පිහිටි තනාකා ආරෝග්‍යශාලාවේ දී XXX දෙසැම්බර් 13 දා අපරභාග 4.12 ට පමණ, C ගේ මරණය සිදුවීමට සැලැස්වූහ.

(7) නිදර්ශනය රිය පැදවීමේ නොසැලකිලිමත් චර්යාව නිසා ශාරීරික තුවාල සිදුවීම

XXX සැප්තැම්බර් 12 වැනිදා, පෙරවරු 9.30 ට පමණ විත්තිකරු රියැදුරෙකු වශයෙන් රැකයාවේ යුතුකම් ඉටුකිරීමක් හැටියට ඔටාකා සිට ඔහිකුබෝ දිශාවට තෝකියෝවේ මුසෂිනෝ නගරයේ, හිගෂි-චෝ කිච්ජෝජි 31 ට පෙනෙන තෙක් මානයේ වංගුවෙන්, පැයට කි. මීටර 50 ක පමණ වේගයෙන් මගී මෝටර රථයක් පැදවිය. මෙම දෙන ලද තත්වයේදී විත්තිකරු තම වෘත්තීය චර්යාව ලෙස පරෙස්සම් සහිතව ඉදිරිය බැලීමටත්, සුක්කානම හරි විධියට ක්‍රියාත්මක කිරීමටත්, ප්‍රමාණවත් ලෙස මාවත රැකීමටත් බැඳී සිටියේය. කෙසේ වුවත්, තම පරෙස්සම් වීමේ යුතුකම කඩ කරමින්, බිම වැටී තිබුණු වීදි සිතියමක් අහුලා ගැනීමට යාමේදී පැයට කි. මීටර 50 ක පමණ වේගයෙන්, ඉදිරියට පරෙස්සම් ලෙස නොබලා ධාවනය කිරීමෙන් මොහොතකට සුක්කානමේ ග්‍රහනය නැති කරගෙන ඔහු / ඇය නොසැලකිලිමත්විය. මේ අනුව, මෝටර රථය විරුද්ධ මාවතට ඇතුලුව, ප්‍රතිවිරුද්ධ දිශාවේ සිට එන බඩු ගෙන යන විශාල ට්‍රක් රථයක් සමග ගැටුණේ ය. එලෙස, A විසින් පදවාගෙන එමින් තිබු රථයේ දකුණු පැත්තේ ගැටී, එහි කම්පනයෙන් ඉදිරියට ඇදී ගොස්

行してきたB（当時５５歳）運転の普通貨物自動車の右前部に衝突した。その結果，Bに加療約２００日間を要する右股関節脱臼骨折の傷害を負わせたものである。」

(8) 傷害罪の例

「被告人は，平成○○年９月２日午後１時５分ころ，横浜市港南区日野南３丁目６番１７号先路上で，通行中のA（当時６２歳）に「おまえ，どこを歩いとるんじゃ。」などと因縁をつけ，こぶしでその顔を２回殴って転倒させ，その上に馬乗りになって更にその顔をこぶしで数回殴った。この暴行により，Aに約５日間の加療を要する右肘部挫滅傷，顔面挫滅傷の傷害を負わせたものである。」

(9) 詐欺罪の例

「被告人は，不正に入手した平和カード株式会社発行のA名義のクレジットカードを使用してその加盟店から商品をだまし取ろうと企て，平成○○年４月５日午前１１時１５分ころ，東京都中央区中村町３番先中村ショッピングセンター１階株式会社中村銀座店において，同店店長Bに対し，代金支払の意思及び能力がないのに，自己がクレジットカードの正当な使用権限を有するAであって，クレジットカードシステムによって代金の支払をするもののように装い，前記クレジットカードを提示してスーツ等３点の購入を申し込み，前記Bをしてその旨誤信させ，よって即時同所において，同人からスーツ等３点（価格合計７万３７００円相当）の交付を受けてこれをだまし取ったものである。」

B (එවකට අවුරුදු 55 වයසැති) විසින් A ගේ ට්‍රක් රථය පසුපසින් පදවමින් තිබූ ට්‍රක් රථයේ ඉදිරි පස දකුණේ ගැටුණේය. ප්‍රතිඵලයක් ලෙස, විත්තිකරු, දින 200 ක් පමණ වෛද්‍ය ප්‍රතිකාර ගැනීමට සිදු වූ තුවාල, හන්දි පැනීම හා දකුණු ඉන සන්ධියේ බිඳුමක් ද B ට ඇති කළේය.

(8) නිදර්ශනයඃ ශාරීරික තුවාල කිරීම

XXX සැප්තැම්බර් 2 දා, ප.ව. 1.05 ට පමණ, යොකොහාමා නගරයේ, කොනන්-කු, හිනෝ මිනෝමි 3-6-17 අවට වීදියේ දී එම විදිය පසු කර යමින් සිටි A ට (අපරාධය වන අවස්ථාවේ අවුරුදු 62 වයසැති) අසාධාරණ ලෙස චෝදනා කොට බලනවා,තමුසේ කොහෙද අවිදින්නේ යයි කෑ ගසමින් දෙවරක් අතින් මුහුණට පහර දී, A බිමට ඇද දැමී ය. ඊ ළඟට A මත දෙපයින් නැගී ඔහුට / ඇයට කිප වරක් පහර දුණි. විත්තිකරු, ඉහත සඳහන් පහර දීම්වලින් A ට දින 5 ක් වෛද්‍ය පතිකාර අවශ්‍ය කෙරෙන ඔහුගේ / ඇයගේ දකුණු වැලමිටේ ශාරීරික තුවාල ද, මුහුණේ ඉදිමුම ද ඇති කළේ ය.

(9) නිදර්ශනය වංචා කිරීම

විත්තිකරු හෙයිවා කාඩ් සමාගමෙන් A ගේ නමින් නිකුත් කළ ක්‍රෙඩිට් කාඩ් පතක් ලබාගෙන, එම ක්‍රෙඩිට් කාඩ් සාමාජික වෙළඳහල් වලින් එකක් නීති විරෝධී ලෙස කාඩ් පත භාවිතා කිරීමෙන් වංචා කිරීමට සැළසුම් කළේය. විත්තිකරු, XXX අප්‍රේල් මස 5 දා පෙරවරු 11.15 ට පමණ තෝකියෝ හි චුවෝ-කු, නකමුරා චෝ 3 අවට නකමුරා සාප්පු සංකීර්ණයේ පළමු මාලයේ, නකමුරා සමාගමේ ගින්සා ගබඩාවට දී, ඔහු / ඇය කාඩ් පත පරිහරණය කිරීමට බලය ඇත්තා ලෙස හඟවා කාඩ් ක්‍රමය තුළින් ගෙවන බවද හඟවා B ට ඇඳුම් කට්ටලයක් ද ඇතුලුව අයිතම තුනක් මිළට ගැනීමට යෝජනා කළේය.

විත්තිකරු A යයි ද කාඩ් ක්‍රමය තුළින් ගෙවීම කරනු ඇතැයි ද විශ්වාස කළ B ගෙන්, අයිතම (මුලු එකතුව යෙන් 73700 පමණ මිළ කොට තිබූ) ලබා ගත්තේය. මෙලෙස, විත්තිකරු වෙළඳ හලෙන් භාණ්ඩ වංචා කළේ ය.

(10)　殺人罪の例（確定的故意の場合）

　「被告人は，A（当時62歳）に雇われ，東京都江東区山中町5丁目2番4号所在の同人方に住み込んでいたものであるが，被告人が通行人に罵声を浴びせたのを前記Aから叱責されて口論のあげく激高し，とっさに，同人を殺害しようと決意し，平成〇〇年3月8日午後7時ころ，同人方6畳間の押し入れの中から刃体の長さ13センチメートルのくり小刀を持ち出して携え，同所において，左手で前記Aの襟首をつかんで引き寄せながら，右手に持っていた前記くり小刀で同人の左胸部を突き刺し，同人がその場から逃げ出すや，追跡して同人方前路上でこれに追い付き，同所において，更に前記くり小刀で同人の左背部を突き刺し，よって，同人をして心臓刺切に基づく失血により即死させて殺害したものである。」

(11)　殺人罪の例（未必的故意の場合）

　「被告人は，かねて，東京都千代田区山中2丁目8番9号所在のスナック「隼」の店員A（当時30歳）から軽蔑の目でみられていることに憤まんの情を抱いていたところ，平成〇〇年8月7日午後1時30分ころ，前記「隼」において，客として，前記Aにビールを注文したにもかかわらず，同人から「今日は帰れ。」と断られた上，刺身包丁を示され，「刺すなら刺してみろ。」と言われ，小心者と馬鹿にされたものと激高し酒の酔いも加わった勢いから，とっさに，同人が死亡する危険性が高い行為と分かっていながら，持ち合わせていた登山用ナイフ（刃体の長さ10セ

(10) නිදර්ශනය මනුෂ්‍ය ඝාතණය (පූර්ණ අධිෂ්ඨානයෙන් යුතුව)

විත්තිකරු තෝකියෝහි, කෝටෝ කු, 5 චෝමේ, 2-4 යමනකා-චෝ පිහිටි A ගේ නිවසේ, තමා සේවයට ගත් A සමග (එවකට වයස අවුරුදු 62) ජීවත් විය. එම ස්ථානය පසු කර යන්නකුට කෑගැසීම ගැන A චෝදනා කළ විට, දබර වී, කෝපාවිෂ්ඨව වහාම A මරා දැමීමට, විත්තිකරු තීරණය කළේ ය. විත්තිකරු, XXX මාර්තු 8 දා පස්වරු 7.00 ට පමණ A ගේ නිවාසේ සය-පැදුරු කාමරයේ දී සෙන්ටි මීටර් 13 ක් දිග පිහියක් කුටියකින් ගෙන එය දකුණු අතේ රඳා ගෙන, A කමිස පටියෙන් අල්ලා A ගේ ඉහළ වම් පපුවට පිහියෙන් ඇනී ය. A තම දිවි ගලවා ගැනීම සඳහා දිවීමට උත්සාහ කළවිට, විත්තිකරු ලුහුබැඳ ගොස් නිවස ඉදිරිපිට පාරේදී යටපත් කරගෙන නැවත ඉහළ වම් පසට පිහියෙන් ඇනී ය. ප්‍රතිඵලයක් ලෙස හදවතට ඇතිවු සිදුරු තුවාල වලින් අධික ලෙස ලේ ගැලීම නිසා A ක්‍ෂණයකින් මරුමුවට පත්විය. මෙලෙස, විත්තිකරු A ඝාතණය කළේ ය.

(11) නිදර්ශනය: මිනීමැරුම (ඩොලස් ඉවෙන්චුවාලිස්)

විත්තිකරු, තෝකියෝහි ෂියාඩෝ-කු, යමනකා 2 චොමේ 8-9 පිහිට "හයබුසා" නම් අවන්හලේ සේවකයකු වූ A තමා පහත් කොට සැලකූ නිසා, A කෙරෙහි (එවකට අවුරුදු 30 ක් වයසැති) අමනාපයක් ඇතිකරගෙන සිටියේ ය. විත්තිකරු ගනුදෙනු කරුවකු ලෙස XXX අගෝස්තු 7 වැනිදා 1.30 ට පමණ "හයබුසා" අවන්හලට පැමිණි විට, විත්තිකරු ඉල්ලා සිටි බීර බෝතලය දීම ප්‍රතික්ෂප කළ A "අද ගෙදර පලයන් " කියා, පසුව "පුලුවන් නම් මාව මරපන් " යයි ද කියා මාලු පිහියක් ඔහු ඉදිරියට ඇද්දේ ය. විත්තිකරු තම නිවටකම සමච්චලයට පත්වීම නිසා හා මත්පැන්වලද බලපෑමෙන්, තම ක්‍රියාව A ගේ මරණයට හේතු වනු ඇතැයි දැන ගෙනම, තලය සෙන්මීටර් 10 ක් දිගැති කඩු තගින

ンチメートル）で，同人の右下腹部を１回突き刺し，よって同月８日午前２時５分ころ，同区北川５丁目８番８号田中病院において同人を右腎等刺切による失血のため死亡させ，もって，同人を殺害したものである。」

⑿　銃砲刀剣類所持等取締法違反罪の例

「被告人は，法定の除外事由がないのに，平成○○年６月７日午後７時ころ，横浜市田中町１丁目２番３号付近路上に停車していた自己所有の普通乗用自動車内において，回転弾倉式けん銃１丁をこれに適合する実砲１９発と共に保管して所持したものである。」

⒀　出入国管理及び難民認定法違反罪の例

「被告人は，○○国国籍を有する外国人であり，平成○○年３月１０日，同国政府発行の旅券を所持して，千葉県成田市所在の成田国際空港に上陸し，我が国に入国したが，在留期間が平成○○年４月１０日までであったのに，その日までに在留期間の更新又は変更を受けないで我が国から出国せず，平成○○年５月１１日まで，神奈川県大和市大和町２丁目１４９番地に居住し，もって，在留期間を経過して不法に本邦に残留したものである。」

⒁　窃盗罪（万引）の例

「被告人両名は，共謀の上，平成○○年３月４日午後零時４５分ころ，東京都豊島区北山町１番２号株式会社北山池袋店において，同店店長Ａ管理のシャープペンシル３８本など合計８４点（定価合計３万０８５０円相当）を窃取したものである。」

පිහියෙන් A ගේ උදරයේ දකුණු පැත්තට ඇනීමට සාහසික විය. මෙයින්, XXX අගෝස්තු 8 වැනිදා, පෙරවරු 2.05 ට පමණ ශියෝඩා-කු, කීටගාවා 5 චෝමේ 8-8 පිහිටි නතාකා ආරෝග්‍යශාලාවේදී එම වකුගඩුවේ සිදුරු තුවාල වලින් අධික ලේ ගැලීමෙන් A ගේ මරණය සිදුවන්නට හැරියේය. විත්තිකරු මෙලෙස, A මරණයට පත් කළේ ය.

(12) නිදර්ශනය: ගිනි අවි හා අසිපත් පාලන නීතිය හා වෙඩි බෙහෙත් පාලන නීතිය කඩ කිරීම. (ගිනිඅවි හා අසිපත් පාලන පනත)

XXX ජුනි 7 දා පස්වරු 7.00 ට පමණ සුවිශේෂ සැලකිලි සඳහා නීති පදනමක් නැති විත්තිකරු, සජීවී පතුරම් 19 ක් සමග රිවෝල්වරයක් සහ උක්ත රිවෝල්රයට සුදුසු පුපුරණ ද්‍රව්‍ය ද, කණගාවා ප්‍රිෆෙචරයේ යෝකොහාමා නගරයේ 1 චෝමෙ 2-3 තනාකා චෝමෙහි පෙනෙන තෙක් මානයේ වීදියක තිබු තමන්ට අයත් මගී කාරයේ තබා ගත්තේය.

(13) නිදර්ශනය ආගමන පාලන හා සරණාගතනයන් පිළිගැනීම පිළිබඳ පනත කඩකිරීම

ජාතිකත්වය XXX වු විත්තිකරු විදේශිකයෙකි. ඔහු/ඇය එම ආංඩුව විසින් නිකුත් කරන ලද ඔහුගේ / ඇගේ ගමන් බල පත්‍රයද රැගෙන, XXX මාර්තු 10 දා චිබාහි, නරිටා නගරයේ නව තෝකියෝ ජ්‍යාතන්තර ගුවන් තොටුපලට ගොඩ බැස ජපානයට ඇතුල් විය. XXX අපේල් 10 වෙනි දා දක්වා ඔහුට/ඇයට ජපානයේ සිටීමට අවසර ලැබුන අතර ඔහු / ඇය මෙම කාලය අලුත් කරගැනීම හෝ වෙනස් කර ගැනීම කලේවත් නියමිත දිනයේදි ජපානයෙන් පිටවුයේත් නැත. මෙලෙස ඔහු / ඇය, කනගාවාහි, යමාතෝ නගරයේ, යමාතෝ චෝ 2-149 යේ වාසය කල අතර, ඒ අනුව අවසර ලත් කාලය ඉක්මවුමෙන් ඔහු / ඇය නීති විරෝධි ලෙස XXX මැයි 11 දා දක්වා ජපානයේ අධිවාසය කළේය.

(14) නිදර්ශනය සොරකම (සාප්පු සොරා කෑම)

විත්තිකරු දෙදෙනා, එකිනෙකා සමග කුමන්ත්‍රණය කිරීමෙන් අනතුරුව XXX මාර්තු 4 දා පස්වරු 0.45 ට පමණ, තෝකියෝවේ, තොෂිම-කුහි, කිතයාම-චෝ, 1-2 පිහිටි කිතයාමා සමාගමේ ඉකෙබුරෝ සාප්පුවෙන් A නම් ගබඩා පාලක යටතේ තිබු, යාන්ත්‍රික ඇඳීමේ පැන්සල් 38 ක් ද ඇතුලු, අයිතම 84 ක් (යෙන් 30 850 මුලු මුදල) සොරා ගත්හ.

(15) 窃盗罪（すり）の例

「被告人両名は，共謀の上，平成〇〇年3月4日午後4時54分ころ，東京都台東区山下町1番2号付近路上で，被告人Xにおいて，通行中のA（当時30歳）が右肩に掛けていたショルダーバッグ内から，同人所有の現金4万3759円及びキャッシュカード等6点在中の札入れ1個（時価約1万円相当）を抜き取って，これを窃取したものである。」

(16) 教唆の例（窃盗）

「被告人は，平成〇〇年3月4日午後2時ころ，東京都千代田区北山町3番6号A方前路上において，Xに対し，「明日はこの家は留守になる。裏の戸はいつも開いているから，何か金目のものを取ってこい。」と申し向けて前記A方から金品を窃取するようにそそのかし，Xをしてその旨決意させ，よって，同月5日午後3時ころ，前記A方において，同人所有の腕時計1個（時価20万円相当）を窃取するに至らせ，もって，窃盗の教唆をしたものである。」

(17) 幇助の例（窃盗）

「被告人は，Xが，平成〇〇年3月4日午後3時ころ，東京都千代田区北山町3番6号A方において腕時計1個（時価20万円相当）を窃取するに際し，A方前路上でXのため，見張りをし，もって，同人の犯行を容易ならしめてこれを幇助したものである。」

2 証拠の標目

判示第1の事実について

(15) නිදර්ශනය සොරකම (ගැට කැපීම)

ජේ පොල සොරකම් කිරීමට විත්තිකරු දෙදෙනා කුමන්ත්‍රණය කළහ. කුමන්ත්‍රණය කිරීමෙන් අනතුරුව X විත්තිකරු, XXX මාර්තු 4 දා පස්වරු 4.54 ට පමණ තෝකියෝහි, ටයිටෝ-කු, යමෂිතා-චෝ, 1-2 අවට වීදියේදී, එම ස්ථානය පසුකරමින් සිටි A ගෙන් (එවකට වයස අවුරුදු 30) ඔහුගේ/ඇගේ දකුණු උරයේවූ උර මලුවෙන් සියල්ල ඔහුට අයත් වූ, මුදල් පසුම්බි එකක් (යෙන් 10000 ක් වටිනා කමකින් යුත්) හා මුදලින් යෙන් 43759 සහිත, මුදල් කාඩ් පතක්, ඇතුලුව අයිතම හයක් සොරා ගත්හ.

(16) නිදර්ශනයඃ සොරකමට අනුබල දීම

"හෙට මේ ගෙදර කිසිවෙක් නෑ. පසුපස දොරද හැම විටම ඇරලාගොස් මුදල් යම් කිසි දෙයක් සොරකම් කරන්න" යි කියමින් තෝකියෝ හි, වියෝඩ්-කු, කීටයාමා-චෝ 3-6 පිහිටි A ගේ නිවස ඉදිරිපිට ඇති පාරේ දී, XXX මාර්තු 4 වැනිදා පස්වරු 2.00 ට පමණ A ගේ නිවසින් මුදල් හා දේපළ සොරා ගැනීමට විත්තිකරු X ට අනුබල දුන්නේය. මේ ඇසූ X, A ගේ නිවසින් A ට අයත් අත් ඔරලෝසුවක් (වටිනාකම යෙන් 200,000 කට තක්සේරු කොට ඇත). XXX, මාර්තු 5 වැනිදා පස්වරු 3.00 ට පමණ සොරා ගත්තේය. මෙලෙස විත්තිකරු සොරකමට අනුබල දුනී.

(17) නිදර්ශනය සොරකමට උදව් කිරීම

තෝකියෝ හි, වියෝඩ්-කු, කීටයාමා-චෝ 3-6 පිහිටි A ගේ නිවසින් අත් ඔරලෝසුවක් (යෙන් 200000 වටිනා) XXX මාර්තු 4 වැනිදා පස්වරු 3.00 ට පමණ X සොරා ගත් විට, විත්තිකරු A නිවස ඉදිරිපිට මුර කිරීමෙන් X ට සොරකම් කිරීමට උදව් කළේය.

2. සාක්ෂි ලේඛනය

කරුණුවල ප්‍රථම භාගය පිළිබඳ

・　被告人の当公判廷における供述

・　被告人の検察官に対する平成○○年２月１５日付け供述調書

・　証人Ａの当公判廷における供述

・　Ｂの検察官に対する供述調書

・　Ｃの司法警察員に対する供述調書（謄本）

・　Ｄ作成の被害届

・　司法警察員作成の実況見分調書

・　司法巡査作成の平成○○年１月２２日付け捜査報告書

・　鑑定人Ｅ作成の鑑定書

・　押収してある覚せい剤１袋（平成○○年押第○○号の１）

・　○○地方検察庁で保管中のけん銃１丁（平成○○年○地領第○○号の１）

・　分離前の相被告人Ｙの当公判廷における供述

・　第３回公判調書中の証人Ａの供述部分

・　証人Ｃに対する当裁判所の尋問調書

・　証人Ｄに対する受命裁判官の尋問調書

・　当裁判所の検証調書

・　医師Ｆ作成の診断書

3　累犯前科

「被告人は，平成○○年３月２６日○○簡易裁判所で窃盗罪により懲役８月に処せられ，平成○○年１１月２６日その刑の執行を受け終わったものであって，この事実は検察事務官作成の前科調書によってこれを認める。」

- නඩු විභාගයේදී විත්තිකරුගේ ප්‍රකාශය
- XXX පෙබරවාරි 15 වැනිද රාජ්‍ය චෝදක ඉදිරිපිට වාර්තා කර ගන්නා ලද ප්‍රකාශය
- නඩු විභාගයේ දී A සාක්ෂිකරුගේ සාක්ෂිය
- රාජ්‍ය චෝදක ඉදිරිපිට දෙන ලද B ගේ වාර්ථා කළ ප්‍රකාශය
- අධිකරණ පොලිස් නිලධාරියා ඉදිරිපිට දෙන ලද C ගේ වාර්තා කළ ප්‍රකාශය (පිටපත)
- D විසින් සම්පූර්ණකරන ලද විපතට පත් වූ තැනැත්තාගේ වාර්තාව
- අධිකරණ පොලිස් නිලධාරියා විසින් සම්පූර්ණ කරන ලද ස්ථානගත පරීක්ෂණ වාර්තාව
- XXX ජනවාරි 22 දාතම දරණ, අධිකරණ පොලිස් නිලධාරියා සම්පූර්ණ කරන ලද පරීක්ෂණ වාර්තාව
- E විසින් සම්පූර්ණකරන ලද විශේෂඥයාගේ වාර්තාව
- උසාවිය භාරයට ගත් උත්තේජක ඖෂධ අඩංගු ප්ලාස්ටික් මලු එකක් (XXX රාජසන්තක. අංක XXX -1)
- අත් තුවක්කුව (XXX XXX දී XXX අංක XXX -1) XXXදිස්ත්‍රික් චෝදකගේ කාර්යාලයේ අත් අඩංගුවේ තිබේ.
- නීති ක්‍රියාවලිය බෙදා වෙන් කිරීමට පෙර, මෙම උසාවියේ දී කළ සහ විත්තිකරු Y ගේ ප්‍රකාශය
- 3 වැනි නඩු වාර්තාවේ ඇති, A ගේ වාර්තා කළ සාක්ෂිය
- මෙම උසාවිය ඉදිරිපිට කළ C ගේ වාර්තා කළ සාක්ෂිය
- D ගේ අධිකාර ලත් විනිශ්චය කරු ඉදිරියේ වාර්තා කළ සාක්ෂිය
- මෙම උසාවියේ අනිවාර්ය පරීක්ෂණ
- F වාර්තාව වෛද්‍යවරයා විසින් සම්පූර්ණ කරන ලද වෛද්‍ය වාර්තාව

3. නිර්දේශිත උපරිම දඬුවම ඉහළ දමන්නා වූ ඉහත අපරාධ පිළිබඳ වාරිතාව

විත්තිකරු, XXX මාර්තු 26 වැනිදා සොරකම සඳහා අනිවාර් වැඩ සහිත මාස හයක සිර දඬුවමකට XXX ලඝු උසාවියේ යටත් කරන ලද බවත්, රාජ්‍ය චෝදකගේ උප නිලධාරියාගේ වාර්තාවට අනුව XXX නොවැම්බර් 26 වැනි දා සිර දඬුවම් කාලය සම්පූර්ණ කළ බවත් මෙම උසාවියට දැන ගැනීමට තිබේ.

4　確定判決

「被告人は，平成○○年３月１０日○○地方裁判所で傷害罪により懲役１年に処せられ，その裁判は同月２５日確定したものであって，この事実は検察事務官作成の前科調書によってこれを認める。」

5　法令の適用

「被告人の判示所為は刑法１９９条に該当するところ，所定刑中有期懲役刑を選択し，その刑期の範囲内で被告人を懲役8年に処し，同法２１条を適用して未決勾留日数中１２０日をその刑に算入し，押収してある刺身包丁１本（平成○○年押第○○号の１）は判示犯行の用に供した物で被告人以外の者に属しないから，同法１９条1項2号，２項本文を適用してこれを没収し，訴訟費用は，刑事訴訟法１８１条1項ただし書を適用して被告人に負担させないこととする。」

6　量刑の理由

出入国管理及び難民認定法違反の例

・　本件は，Ｙ国国民である被告人が，定められた在留期間を越えて不法に我が国に残留したという事案である。

・　被告人が我が国に不法に残留した期間が２年余りの長期であることなどに照らすと，被告人の刑事責任は重い。

・　他方で，被告人は，本件犯行について反省の態度を示し，今後は，本国に帰って，まじめな生活を送りながら，立ち直っていくことを誓っていること，被告人と生活を共にしていた婚約者が，被告人の本国で被告人と結婚して共に生活する気持ちでおり，被告人に対する寛大な処

4. **දැනටමත් අවසාන බවට පත්ව ඇති නඩු තීන්දුව**

විත්තිකරු XXX දිස්ත්‍රික් උසාවිය විසින් XXX මාර්තු 10 වැනිදා ශාරීරික තුවාල සිදු කිරීම සම්බන්ධයෙන් එක් අවුරුදු සිර අඩුවමකට යටත් කරන ලද බවත්, රාජ්‍ය චෝදකගේ උප නිලධාරියාගේ අපරාධ වාර්තා ලේඛනයට අනුව, XXX මාර්තු 25 වැනිදා දඩුවම අවසාන තීන්දුව බවට පත්වූ බවත්, මෙම උසාවිය දැන ගනී.

5. **ශෛතික විධිවිධාන යෙදීම පිළිබඳ නිදර්ශනයක්**

මෙම උසාවියට දැනගැනීමට ලැබුණු විත්තිකරුගේ ක්‍රියාව, දණ්ඩ නීති සංග්‍රහයේ 199 වන වගන්තියට යටත්ය. වගන්තියට අනුව ප්‍රතිපාදනය කොට ඇති කරුණු අතරින් අනිවාර්ය වැඩ සහිතව දඩුවම තෝරාගත් පසුව, උසාවිය විත්තිකරු වගන්තියෙන් නියමිත කාලය වූ අනිවාර්ය වැඩ සහිත අවුරුදු 8 සිර දඩුවමකට යටත් කළේය. දණ්ඩ නීති සංග්‍රහයේ 21 වන වගන්තිය යොදා ගනිමින්, නඩු විභාගය අපේක්ෂාවෙන් රඳවා තබා ගත් කාලයෙන් දින 120 ක් උක්ත දඩුවම් කාලයෙන් අඩු කළ යුතුයි. විත්තිකරු අපරාධය කිරීමට යොදාගත් හා විත්තිකරු හැරෙන්නට අන් කිසිවෙකුට අයත් නැති, භාරයට ගත් කුස්සි පිහිය (XXX රාජසන්තකඅංක XXX -1) සංග්‍රහයේ 19 (1) 2 වැනි වගන්තිය සහ එම වගන්තියේම ප්‍රධාන වගන්තිය වූ (2) යටතේ රාජ සන්තක කෙරේ. අපරාධ නඩු විධාන සංග්‍රහයේ 181 (1) වගන්තිය යටතේ නඩු ගාස්තුවලින් නිදහස් කෙරේ.

6. **දඩුවම් නියමයේ පදනම**

නිදර්ශනය ආගමන පාලන හා සරණාගතන පිළිගැනීමේ නීතිය කඩ කිරීම

- මෙය, Y ජාතික විත්තිකරු අවසර ඇති කාලයට වඩා නීති විරෝධී ලෙස වැඩ කාලයක් නතරව සිටීම පිළිබඳ නඩුවය.
- නීති විරෝධී ලෙස ජපානයේ නතර වී සිටි කාලය අවුරුදු දෙකකට වැඩි වීම ඇතුලු වාතාවරණය සලකා බලන විට විත්තිකරුගේ සාපරාධී වගකීම බරපතල ය.
- අනෙක් අතට විත්තිකරු අපරාධය සිදු කිරීම ගැන කණගාටුව පළ කළ අතර, ආපසු තම රටට ගොස් මහන්සි වී වැඩකොට, ඔහු / ඇය පුනරුත්ථාපනය කර ගන්නා බවටද, පොරොන්දු විය. ඔහුගේ / ඇයගේ රටේ එකට ජීවත් වූ ඔහුගේ / ඇයගේ පෙම්වතා / පෙම්වතිය විත්තිකරු සමග විවාහ ජීවිතයක් ගත කිරීමට අදහසක් තිබෙන අතර, ඔහුට /

罰を訴えていることなど，被告人にとって酌むべき事情もある。

・　そこで，これらの事情を総合して主文のとおり刑を量定した。

第６章　控訴審における判決理由

1　理由の冒頭部分

本件控訴の趣意は，弁護人甲作成名義〈検察官乙提出〉の控訴趣意書記載のとおりであり，これに対する答弁は，検察官乙作成名義〈弁護人甲作成名義〉の答弁書記載のとおりであるから，これらを引用する。

控訴趣意中量刑不当〈事実誤認，訴訟手続の法令違反，理由不備〉の主張（論旨）について

2　理由の本論部分

(1)　控訴棄却

所論は，要するに，被告人には，本件輸入に係る物品が覚せい剤であるとの認識がなかったのであるから，被告人にその認識があったとして覚せい剤輸入の罪の成立を認めた原判決には，判決に影響を及ぼすことが明らかな事実の誤認があるというのである。しかし，原判決挙示の各証拠によると，被告人は，本件に至るまで，貨物船○○の船員として約２０回日本国と○○国との間を往復している者である上，○○国において船員としての教育を受けるに当たり，覚せい罪等の密輸が禁止されていることや関税関係法規等についての知識を得ていることが認められるから，覚せい剤が概ねどのような物品であるかを承知していたと推

ඇයට ලිහිල් දඬුවමක් බලාපොරොත්තුවෙන් සිටියි. මෙම කාරණා තත්වයන් විත්තිකරුට වාසිදායක ය.

- මෙම සියලු කරුණු සැලකිල්ලට ගනිමින්, උසාවිය මූලික තීන්දු පාඨයේ ප්‍රකාශයට පත් කර ඇති දඬුවම නිර්ණය කළේ ය.

6. කොසෝ අභියාචන උසාවියේ නඩු තීන්දු සඳහා පදනම

1. ප්‍රාරම්භක කොටස

අභියාචනයේ ප්‍රශ්නය, විත්තියේ නීතිඥ A ගේ නමක් ලියා ඇති (චෝදක B විසින් ඉදිරිපත් කරන ලද) අභියාචනය සඳහා හේතු පිළිබඳ ප්‍රකාශයේ සඳහන් කර ඇති පරිදි ය. අභියාචනය සඳහා තම හේතු පිළිබඳ ප්‍රකාශයට ප්‍රත්‍යාචාර වශයෙන් වූ තර්ක, චෝදක B ගේ නමින් ලියා ඇති (විත්තියේ නීතිඥ A) පිළිතුරු ප්‍රකාශයේ සඳහන් පරිදි ය. මේ නිසා, තර්ක විස්තර කිරීමේ දී උසාවිය මෙම ලියකියවිලි උපුටා දක්වනු ඇත. අයෝග්‍ය දඬුවම් සම්බන්ධයන් (කරුණු සෙවීමේ දී වැරදි / අධිකරන ක්‍රියා පටිපාටිය හා ආඥා කඩකිරීම / අප්‍රමාණවත් පදනම) අභියාචනය සඳහා හේතු පිළිබඩද ප්‍රකාශයේ සඳහන්කර ඇති පරිදිය.

2. ප්‍රධාන කොටස

(1) කොසෝ අභියාචනය නිෂ්ප්‍රභා කිරීම

අභියාචනය සඳහා හේතු පිළිබඳ ප්‍රකාශයේ හරය පහත පරිදි ය: මුල් නඩුවේ තීන්දුව, විත්තිකරු උත්තේජක ඖෂධ ආනයන කිරීමේ වරදට වැරදිකරු යයි නිගමනය කලේය. එම ආනයන ද්‍රව්‍ය උත්තේජක ඖෂධකැයි ඔහු / ඇය දැන සිටි බවද නිගමනය කළේය. කෙසේ නමුත් ඔහුට / ඇයට එබඳු දැනුමක් නොතිබිනි නම් පැහැදිලි ලෙස තීන්දුව කෙරෙහි බලපාන වරදක් තීණ්ඩුව තුල ඇත. කෙසේ නමුත්, මුල් නඩු තීන්දුවේ ලැයිස්තු ගත කොට ඇති සාක්ෂි ඛණ්ඩ අනුව මෙම උසාවිය, විත්තිකරු භාණ්ඩ ප්‍රවාහන' XXX නැවක යාන්ත්‍රිකයකු බවත් XXX හා ජපානය අතර 20 වරක් පමණ යාත්‍රා කළ බවත්, XXX රටේ යාන්ත්‍රිකයකු ලෙස අධ්‍යාපනය ලබා ගනිද්දී ඔහු / ඇය උත්තේජක ඖෂධ හොරෙන් ගෙන එමේ තහනම හා වෙනත් රේගු සම්බන්ධ නීතී ගැන දැනුමක් ලද බවත් සොයා ගනී. මේ නිසා, ඔහු / ඇය උත්තේජක ඖෂධයක් යනු කුමක්දැයි දැන සිටි බව අභ්‍යුපගමනය කෙරේ. මෙම

認されるところである。そして，このことを前提として，甲から本件物品の運搬を依頼された際の物品の運搬ないし引渡しの方法についての指示内容が極めて密行性を帯びたものであったこと，被告人は本件物品がビニール製５袋に分けられた白色の結晶状を呈した物質であることを確認していること，搬入の手段，方法が覚せい剤等を持ち込む際によく行われる典型的な隠匿運搬方法を採っていること，その他本件発覚前後の証拠隠滅工作，被告人の捜査官に対する供述の内容等記録によって認められる諸事情をも考え合わせると，本件物品が覚せい剤であるとは知らなかったという被告人の弁解は到底信用できるものではなく，本件輸入の際，被告人は本件物品が覚せい剤であるとの認識を有していたと認めるのが相当である。

したがって，原判決がその挙示する各証拠を総合して原判示事実を認定したことは相当であり，原判決に事実誤認はないから，論旨は理由がない。

(2) 破棄自判

所論は，要するに，被告人を禁錮１年６月に処した原判決の量刑は重すぎて不当であるというのである。

記録によれば，本件事故は，被告人が前車の発進に気を許し左方の安全を確認することなく発進進行した過失により，折から横断歩道上を自転車に乗って進行していた被害者に自車を衝突転倒させ死亡させたというものであって，過失及び結果の重大性にかんがみると，所論指摘の被告人に有利な事情を十分考慮しても，原判決の量刑は，その宣

අභ්‍යුපගමනය මත, ප්‍රශ්ණයට ලක්වූ ද්‍රව්‍ය උත්තේජක ඖෂධයක් බව ඔහු / ඇය නොදැන සිටි බවට විත්තිකරු කරන පැහැදිලි කිරීම පහත සඳහන් හේතු මත විශ්වාසවන්ත නැත පළමුව, විත්තිකරු විසින් ප්‍රශ්ණයට ලක් වූ ද්‍රව්‍යය රැගෙන යෑමට ඉල්ලීම හා ද්‍රව්‍ය ප්‍රවාහනය කළ යුතු ආකාරය ද භාර දිය යුතු ආකාරය ද පිළිබඳ උපදෙස් සියල්ලත් රහසිගත වූ බවට සළකුණු තිබිණි. දෙවනුව, විත්තිකරු, ප්‍රශ්නයට ලක් වූ ද්‍රව්‍යය සුදු ස්ඵටික වර්ගයක් බවත් විනිල් මල්ලු පහකට බෙදා තිබුනු බවත් පෙනිණි. තෙවනුව, ද්‍රව්‍යය ජපානයට ගෙන ගිය ආකාරය, උත්තේජක ඖෂධ හා වෙනත් මත්ද්‍රව්‍ය ප්‍රවානයට පොදු වූ ආකාරයම ය. සතරවනුව එම වාර්තාවේ, මෙම නඩුව ඇරඹීමට පෙර හා පසුව විත්තිකරු විසින් සාක්ෂි හා පරීක්ෂකයන්ට දෙන ලද ප්‍රකාශ විනාස කිරීමට උත්සාහ ගැනීම වැනි කරුණු ද පෙනේ. මේ නිසා, ද්‍රව්‍යය ආනයනය කළ කාලයේ දී, ප්‍රශ්ණයට ලක් වූ ද්‍රව්‍යය උත්තේජක ඖෂධක් ය යන්න පිළිබඳව විත්තිකරුට දැනුමක් තිබූ බව සිතීම යෝග්‍ය ය. මේනිසා, මෙම උසාවිය, මුල් නඩු තීන්දුව ලැයිස්තු ගත කොට තිබූ සාක්ෂි ඛණ්ඩ මත පදනම්ව දක්වා තිබූ කරුණු සැළකිල්ලට ගැනීම සුදුසු වූ අතර, ඒ අනුව කරුනු සොයා ගැනීමේ වරදක් සිදු වී නැත. මෙලෙස අභියාචනයට පදනමක් නැත.

(2) ප්‍රතිවර්තනය හා නඩුවේ තීන්දුව දීම

අනිවාර්ය වැඩ සහිත එක් අවුරුදු මාස හයක සිර දඬුවමක් එහි බරපතලකම නිසා අයෝග්‍ය ය යන්න, මෙම අභියාචනයේ දී කෙටියෙන් ඉදිරිපත් කළ තර්කය විය. වාර්තාව අනුව, මෙම නඩුවට සම්බන්ධ අනතුර පහත පරිදිය: විත්තිකරු ඉදිරියෙන් යන වාහනය පණගැන්වූ වහාම තම වාහනය වමේ ආරක්ෂාව ගැන නොතකා පැදවීම ආරම්භ කිරීමෙන්, ඔහු / ඇය නොසැලකිළිමත්බව නිසා හරස් පදිකයේ බයිසිකලය පදවමින් සිටි විපතට පත් වූ තැනැත්තා හප්පා බිම වට්ටා මරණය සිදුවීමට සැලැස්විය. නොසැලකිළිමත්බව හා අනතුරේ ප්‍රතිඵලයෙහි බැරෑරුම්කම සිතාබලන විට හා විත්තිකරුට පක්ෂව ඉදිරිපත් කරන ලද කරුණුද සැලකිල්ලට ගත්විට, මුල් නඩු තීන්දුවේ දඬුවම් දීම යෝග්‍ය

告時においては相当であったと認めることができる。

しかし，当審事実取調べの結果によれば，原判決後，被害者の遺族との間に，さらに任意保険等から・・・・・合計２０００万円を支払うことで示談が成立していること，示談の成立に伴い被害感情は一層和らぎ，被害者の遺族から寛大な処分を望む旨の上申がなされるに至っていることなどの事情が認められ，これによれば，原判決の量刑は，現時点においては刑の執行を猶予しなかった点において重きに失し，これを破棄しなければ明らかに正義に反するといわなければならない。

3　法令の適用部分

⑴　控訴棄却

よって，刑訴法３９６条により本件控訴を棄却し，刑法２１条により当審における未決勾留日数中５０日を原判決の刑に算入し，当審における訴訟費用は刑訴法１８１条1項本文を適用して被告人に負担させることとし，主文のとおり判決する。

⑵　破棄自判

よって，刑訴法３９７条2項により原判決を破棄し，同法４００条ただし書により更に次のとおり判決する。

原判決が認定した罪となるべき事実に原判決と同一の法令を適用（科刑上一罪の処理，刑種の選択を含む。）し，その刑期の範囲内で被告人を懲役2年１０月に処し，刑法２１条により原審における未決勾留日数中５０日をその刑に算入し，原審及び当審における訴訟費用は刑訴法１８１

ලෙස පිළිගත යුතුය. කෙසේ නමුත් මෙම උසාවිය කරුණු පරීක්ෂා කිරීමේ ප්‍රතිඵලය අනුව, මුල් නඩු තීන්දුවට පසුව, විපතට පත් වූවන්ගේ පවුල හා විත්තිකරුගේ පාර්ශවය අතර සහ රක්ෂණය ආදිය ගැන යෙන් මිලියන 20 ක් ගෙවීමට සමථයක් ඇතිවූ බව හා සමථය නිසා අනතුරින් විපතට පත් වූවන්ගේ පවුලේ අයගේ හැඟීම් තුනී වීමෙන්, විපතට පත් වූවන්ගේ පවුල උසාවිය ළිහිලක් ප්‍රදානය කරාවි ය යි ලිඛිතව අපේක්ෂා කළ බව, උසාවිය දැන ගනී. මෙම කරුණු සලකා බැලීම හැටියට, මුල් නඩු තීන්දුවේ දඬුවම් ඉතාමත් දැඩිය යන්න හා මුල් නඩු තීන්දුව දඬුවම් දීම අත්හිටුවීමක් නොකළේය යන කරුණු ද, මේ අවස්ථාවේ දී සැලකිල්ලට ගත යුතු ය. ඒ අනුව, මෙම උසාවිය ප්‍රතිවර්තනයක් නොකරන්නේ නම් එය පැහැදිලිවම අයුක්ති සහගතය.

3. නීති හා අඥා යොදා ගැනීම

(1) කොසෝ අභියාචනය නිෂ්ප්‍රභා කිරීම

අපරාධ නඩු විධාන සංග්‍රහයේ 396 වැනි වගන්තිය මත පදනම්ව, අභියාචන නිස්ප්‍රභා කෙරේ. දණ්ඩ නීති සංග්‍රහයේ 21 වැනි වගන්තිය අනුව, මුල් නඩු තීන්දුවේ 50 ස් දින සිර දඬුවම් කාලයෙන්, මෙම උසාවියේ නඩු තීන්දුව අපේක්ෂාවෙන් රඳවා තබාගෙන සිටි දින ගණන අඩු කල යුතු ය. අපරාධ නඩු විධාන සංග්‍රහයේ 181(1) යන ප්‍රධාන වගන්තිය යොදා ගනිමින්, මෙම උසාවිය, නඩු වියදම් දැරීම විත්තිකරුට පවරයි. මෙලෙස ප්‍රධාන තීන්දු පාඨයේ සඳහන් පරිදි උසාවිය තම තීන්දුව ප්‍රකාශයට පත් කරයි.

(2) ප්‍රතිවර්තනය හා නඩුවේ තීන්දුව දීම

මේ නිසා, උසාවිය. අපරාධ නඩු විධාන සංග්‍රහයේ 397(2) වගන්තිය මත පදනම් ව, මුල් නඩු තීන්දුව ප්‍රතිවර්තනය කරන අතර, සංග්‍රහයේ 400 වැනි වගන්තියේ අතුරු විධානය අනුව තම තීන්දුව පහත පරිදි ප්‍රකාශයට පත් කරයි. උසාවිය, මුල් නඩු තීන්දුව පරිදි අපරාධය සමන්විත කරන්නාවූ කරුණු සම්බන්ධයෙන් (දඬුවම් දීම සඳහා බහුවිධ අපරාධ එකක් වශයෙන් සැලකීම හා දඬුවම් වර්ගය තෝරා ගැනීම ඇතුලුව එම නීති හා ආඥාව යොදා ගනිමින්, විත්තිකරුට අවුරුදු දෙකයි මාස 10 ක අනිවාර්ය වැඩ සහිත සිර දඬුවමක් නියම කරයි. දණ්ඩ නීති සංග්‍රහයේ 21 වැනි වගන්තියට අනුව, නඩු විභාගය අපේක්ෂාවෙන් රඳවා තබා ගනු ලැබු මුලු දින ගණනින් දින 50 ක් උක්ත දඬුවම් කාලයෙන් අඩු කළ යුතු ය. අපරාධ නඩු විධාන සංග්‍රහයේ 181(1) වගන්තියේ අතුරු විධානය යොදා

条１項ただし書を適用して被告人に負担させないこととし，主文のとおり判決する。

(3) 破棄差戻し

よって，刑訴法３９７条１項，３７７条３号により原判決を破棄し，同法４００条本文により本件を原裁判所である○○簡易裁判所に差し戻すこととし，主文のとおり判決する。

ගනිමින්, මුල් උසාවියේ හා මේ උසාවියේ වියදම් දැරීම විත්තිකරුට නොපණවයි. ප්‍රධාන තීන්දු පාඨයේ සඳහන් පරිදි, උසාවිය නඩු තීන්දුව ප්‍රකාශයට පත් කරයි.

(3) මුල් තීන්දුව ප්‍රතිවර්තනය කොට මුල් උසාවියට නඩුව ආපසු භාර දීම

මේ නිසා, අපරාධ නඩු විධාන සංග්‍රහයේ 397(1) හා 377(3) යන උප වගන්ති අනුව, මුල් නඩු තීන්දුව ප්‍රතිවර්තනය කොට, මෙම නඩුව, XXX ලඝු උසාවියට එනම් මුල් උසාවියට අපරාධ නඩු විධාන සංග්‍රහයේ 400 වගන්තියේ ප්‍රධාන වගන්තියට අනුකූලව, ආපසු භාර කෙරේ. ප්‍රධාන පාඨයේ සඳහන් පරිදි නඩු තීන්දුව යෙදේ.

第４編

法律用語等の対訳

第4章

広告用語の法律

第4編　法律用語等の対訳

第1章　法律用語の対訳

【あ　行】

・相被告人［共同被告人］	・සහ විත්තිකරු
・あおる	・පොළඹවනවා
・アリバイ	・නොතැනියාව
・アルコール中毒	・බේබදුකම; බේබද්දා
・言い渡す	・ප්‍රකාශ කරනවා
・異議	・විරෝධතාව
・異議の申立て	・විරෝධතාවක් නැගීම; විරුද්ධ වෙනවා
・意見陳述	・මත ප්‍රකාශ කිරීම
・移送（被告事件の）	・(නඩුව) වෙනත් උසාවියකට මාරු කිරීම
・移送（被告人の）	・(විත්තිකරු) වෙනත් ස්ථානයකට ගෙනයාම
・一事不再理	・නඩු තීන්දුවක් දෙන ලද කාරණාවක් සම්බනධයෙන් නඩු පැවරීම තහනම් කිරීම (ජපන් ව්‍යවස්ථාවේ අංක වගන්තිය)
・遺伝	・සහජ; ප්‍රවේනි
・居直り強盗	・දුටුතැන පහරදෙන හෝ ප්‍රදර්ශනය කරන හොරා
・違法収集証拠	・අනෛතිකව ලබාගත් සාක්ෂි
・違法性	・අනෛතිකභාවය නිශේධන සාධකය
・違法性阻却事由	・සාධාරණ හේතු
・医療刑務所	・වෛද්‍ය සිර මැදිරිය; සිරකරුවන් සඳහා වෛද්‍ය පහසුකම්
・医療の終了	・වෛද්‍ය ප්‍රතිකාර අවසන් කිරීම
・因果関係	・හේතුඵල සම්බන්ධය; හේතුඵල සම්බන්ධතාවය
・因果関係の中断	・හේතු ඵල සම්බන්ධය කඩවීම
・インターネット異性紹介事業	・අන්තරජාලය හරහා සම්බන්ධවීමේ සේවා

法律用語【あ・か行】

・引致	• විෂයධරයකු (විත්තිකරුවකු, සාක්ෂිකරුවකු) නියම කළ ස්ථානයට ගෙන ඒම
・隠匿する	• සැඟවීම
・員面調書	• අධිකරණමය පොලිස් නිලධාරියෙකු ඉදිරිපිට හෝ විසින් වාර්තා කර ගන්නා ලද ප්‍රකාශය
・うそ発見器	• අසත්‍යය සොයාගන්නා මෙවලම්, පොලිග්‍රාෆය
・疑うに足りる相当な理由	• සැක කිරීමට සම්භාවී හේතුව
・写し	• පිටපත් කරනවා
・うつ病	• මානසික පීඩනය
・営業秘密	• ව්‍යාපාර ක්‍රියාවන්හි රහස්
・営利の目的	• ලාභ ලැබීමට, ලාභ ලැබීමට අරමුණු කරනවා; සාපරාධී කටයුතු මඟින් ලාභ ලැබීමට අදහස් කරනවා
・閲覧する	• පරීක්ෂා කිරීමට
・えん罪	• වැරදි චෝදනාව
・援用	• යොමු කිරීම; කැඳවීම
・押印	• මුද්‍රාව
・押収	• තහනම් කිරීම; සන්තක කිරීම
・押収物	• තහනම් කළ, සන්තක කළ ද්‍රව්‍යය
・汚職	• දූෂණය; අල්ලස
・おとり捜査	• වෙස්වලාගත් ඒජන්තයකු මඟින් පරීක්ෂා කිරීම; සම්බන්ධ අයකු ලෙස හැසිරෙමින් ක්‍රියා කිරීම
・恩赦	• ක්ෂමාව; සමාව

【か　行】

・戒護	• ආරක්ෂිතව රඳවා තබා ගැනීම රැකවල් ලෑම (විශේෂයෙන් සිරගෙවල)
・改ざんする	• වෙනස් කිරීමට; අයුතු ලෙස වෙනස් කිරීමට
・開示	• එළිදරව් කිරීම; සොයා ගැනීම
・改悛の情	• පසුතැවීම; දුරස්ථ

- 外傷性 ・කම්පනීය
- 海上保安庁 ・(ජපන්) වෙරළ ආරක්ෂක
- 海上保安留置施設 ・වෙරළ ආරක්ෂක රඳවා තබා ගැනීමේ පහසුකම්
- 開廷 ・සැසි වාරයක; (අධිකරන) සැසි වාරයක් විවෘත කිරීමට
- 回答書 ・උත්තර දෙනවා; පිළිතුරු දෙනවා
- 外務省 ・විදේශ කටයුතු අමාත්‍යාංශය
- 科学警察研究所（科警研） ・පොලිස් විද්‍යා ජාතික පරියේෂණ ආයතනය
- 覚せい剤 ・උත්තේජක ඖෂධය; ඇම්ෆිටමින්; මෙතම්- ෆිටමින්
- 覚せい剤中毒者 ・උත්තේජක ඖෂධවලට ඇබ්බැහි වූ තැනැත්තා; උත්තේජක ඖෂධවලට ඇබ්බැහිවීමෙන් පෙළෙන්නා
- 確定 ・අවසානය වීම; අවසාන කිරීම
- 確定判決 ・අවසාන කළ විනිශ්චය (තීන්දුව)
- 科刑上一罪 ・දඬුවම් දීම සඳහා එකක් ලෙස සලකන බහුවිධ අපරාධ; සංකල්පීය කේවල අපරාධ
- 過失 ・නොසැලකිලිමත් බව
- 過失犯 ・නොසැලකිලිමත් (වරද)
- 過剰避難 ・සිදුවිය හැකි වරදක් වැඩිමනත් බලය යොදා නතර කිරීම; හදිසි අවස්ථාවකදී වැඩිමනත් බලය
- 過剰防衛 ・වැඩිමනත් (අත්‍යන්ත) ආත්මාරක්ෂාව
- 加重 ・තීව්‍ර කිරීම
- 家庭裁判所（家裁） ・පවුල් උසාවිය
- 家庭裁判所調査官 ・පවුල් උසාවි පරයේෂණ නීති ලිපිකරු
- 可罰的違法性 ・දඬුවම් කළ හැකි අනෛතිකභාවය
- 仮釈放 ・පැරෝලය
- 仮納付 ・තාවකාලික ගෙවීම
- 仮放免 ・තාවකාලික මුදා හැරීම
- 過料 ・පරිපාලනික දඩය
- 科料 ・සුළු දඩය
- 簡易公判手続 ・සාරාංශ නඩු විභාග කාරය පටිපාටිය

- 簡易裁判所（簡裁） ・ලඝු උසාවිය
- 姦淫 ・ස්ත්‍රී දූෂණ; ලිංගික සංවාසය
- 管轄 ・බලාධිකාරය
- 管轄違い ・බලාධිකාරය නැතිකම
- 間接事実 ・වක්‍ර සාධකය
- 間接証拠 ・වක්‍ර සාක්ෂිය
- 間接正犯 ・වක්‍ර ප්‍රධානියා; වක්‍ර අධිකාර විධියෙන් ප්‍රධානියා
- 監置 ・උසාවියෙන් නියෝග කළ වෙන් කර තැබීම
- 鑑定 ・විශේෂඥ සාක්ෂිය; විශේෂඥ මතය; විශේෂඥ පරීක්ෂාව
- 鑑定証人 ・විශේෂඥ සාක්ෂිකරු
- 鑑定嘱託書 ・විශේෂඥ මතය ඉල්ලීමට ලියවිල්ල
- （鑑定その他）医療的観察 ・විශේෂඥ පරීක්ෂාව සහ (වෙනත්) වෛද්‍ය නිරීක්ෂණ
- 鑑定手続実施決定 ・විශේෂඥ පරීක්ෂාව නියෝග
- 鑑定入院命令 ・විශේෂඥ පරීක්ෂාව සඳහා රෝහල් ගත කිරීමට විනිසුරු නියෝගය
- 鑑定人 ・විශේෂඥයා
- 鑑定留置 ・විශේෂඥ පරීක්ෂාව සඳහා උසාවියෙන් නියෝග කළ වෙන් කර තැබීම
- 観念的競合 ・සමගාමී අපරාධ; සංකල්පීයමය සමගාමී අපරාධ
- 還付 ・තහනම්කල භාණ්ඩ ආපසු දීම
- 管理売春 ・ගණිකා නිවාසයක් පවත්වාගෙන යෑම
- 期間 ・කාලය; වාරය
- 棄却する ・ඉවත දැමීම සඳහා ; ප්‍රතික්ෂේප කිරීම
- 偽計 ・වංචාකාරී විධිවලින්; වංචාකාරී සැලැස්ම
- 期日 ・දිනය; නඩු දිනය
- 期日間整理手続 ・අභ්‍යන්තර සම්මේලන ක්‍රියාදාමය
- 期日間整理手続調書 ・අභ්‍යන්තර සම්මේලන ක්‍රියාදාම වාරතා
- 既遂 ・අපරාධයක් පිළිබඳ කොමිසමක් සම්පූර්ණ කිරීම

・偽造	・ව්‍යාජ ලේඛණ සැකසීම ; කූට ලිපිය, හොර අනුකරණය
・起訴事実	・චෝදනාව; චෝදිත කාරණය(න්)
・起訴状	・අධිචෝදනා (පත්‍රය); තොරතුරු (පත්‍රය)
・起訴状の訂正	・අධිචෝදනා සංශෝධනය
・起訴する	・නඩු පැවරීමට; අධිචෝදනාවක් ගොනු කරනවා
・起訴猶予	・නඩු පැවරීම අත්හිටුවීම
・既判力	・කාරණයක් සමථනය කිරීම
・忌避	・සුදුසුභාවය (උදා; විනිසුරු වරයකුගේ සුදුසුකම් අභියෝග කිරීම); නුසුදුසු කිරීම
・基本的人権	・මූලික මානව හිමිකම
・欺罔する（欺く）	・රැවටීමට
・客体の錯誤	・අරමුණෙහි (අපරාධයක) වැරදිභාවය
・却下する	・නිෂ්ප්‍රභාකිරීම; උත්සාරණය කිරීම
・求刑	・දඬුවම පිළිබඳ චෝදකගේ මතය
・急迫の危険	・සිදුවන අනතුර
・急迫不正の侵害	・සිදුවන සහ වැරදි පහර දීම
・恐喝する	・තර්ජනය කරනවා; කප්පම් ගන්නවා; ත්‍රාසෝද්ග්‍රහණය කරනවා
・凶器	・ආයුධය
・教唆する	・අයදිනවා; අනුබල දෙනවා; උනන්දු කරනවා
・供述	・ප්‍රකාශණය; ප්‍රකාශය; කට උත්තරය (දිවුරුම් ප්‍රකාශය)
・供述拒否権	・ප්‍රකාශයක් (ශාක්ෂි) දීම ප්‍රතික්ෂේප කිරීමට ඇති අයිතිය
・供述書	・ලිඛිත ප්‍රකාශය
・供述調書	・වාචික ප්‍රකාශය ගැන පරීක්ෂකගේ වාරතාව
・供述の任意性	・ප්‍රකාශයක ස්වේච්ඡාභාවය
・強制送還	・පිටමං කිරීම
・強制捜査	・අනිවාර්ය විමර්ශණය

・共同正犯	• සහ-ප්‍රධානයා; සහ-වරදකරු
・共同被告人	• සහ විත්තිකරු
・共同暴行	• එකකුට වැඩි වැරදිකරුවන් විසින් පහර දීම
・脅迫する	• තරජනය කිරීම; බිය වැද්දීම
・共犯	• අපසහයක; අපසහයකත්වය
・共謀	• කුමන්ත්‍රණය
・共謀共同正犯	• සහ-කුමන්ත්‍රණ කරු; කුමන්ත්‍රණයක සහ-ප්‍රධානක
・業務上過失	• වෘත්තීයමය වශයෙන් නොසැලකිල්ල, සමාජීය කටයුතු / ව්‍යාපාර කටයුතු වලදී නොසැලකිලිමත්බව
・業務上の注意義務	• බලාගැනීමේ වෘත්තීමය ප්‍රමිතිය; යලි යලිත් හා අඛණ්ඩ වු ක්‍රියාන්විතයේ දී සැලකිළිමත් බව දැක්වීමේ යුතුකම
・挙証責任	• සාධන භාරය
・緊急逮捕	• හදිසියක දී වරෙන්තු රහිත අත්අඩංගුවට ගැනීම
・緊急避難	• වියහැකිම අනතුරක් වැලකීම; හදිසියකදී අවශ්‍ය වු අවස්තාවෝචිතභාවය
・禁錮	• සිරගත කිරීම; අනිවාරය වැඩ රහිත සිරගත කිරීම
・禁制品	• තහනම් බඩු; නීතිවිරෝධී භාණ්ඩ
・区	• කොට්ඨාශය
・区検察庁（区検）	• ප්‍රාදේශීය රාජ්‍ය චෝදකගේ කාරයාලය
・区分審理	• එකම පුද්ගලයකුට එරෙහිව නඩු කීපයක් පුරවැසි විනිශ්චය මංඩලය ක්‍රමයට වෙන් කිරීම
・刑期	• සිරගත කාලය
・警告	• අවවාද කිරීම
・警察署	• පොලිස් ස්ථානය
・警察庁	• ජාතික පොලිස් ඒජන්සිය (එන්.පී.ඒ)
・警察庁次長	• නියෝජ්‍ය කොමසාරිස් ජෙනරල් (එන්.පී.ඒ)
・警察庁長官	• කොමසාරිස් ජෙනරල් (එන්.පී.ඒ)
・警視	• පොලිස් අධිකාරී

・警視監	• අධීක්ෂණ පොලිස් අධිකාරී
・刑事施設	• දණ්ඩන ආයතනය; සිපිරි ගෙය
・刑事収容施設	• දණ්ඩනීයරඳවා ගැනීමේ පහසුකම්
・刑事処分	• සාපරාධී නියාදනය
・警視正	• ජ්‍යේෂ්ඨ පොලිස් අධිකාරී
・刑事責任	• සාපරාධී වගකීම
・警視総監	• මහ නගර පොලිස් දෙපාර්තමේන්තුවේපොලිස් අධිකාරී ජෙනරාල්
・刑事第１部	• අංක 1 අපරාධ අංශය
・警視庁	• මහ නගර පොලිස් දෙපාර්තමේන්තුව
・警視長	• ප්‍රධාන අධිකාරී
・刑事未成年者	• අපරාධ නීතිය යටතේ බාල වයස්කරු
・刑の量定に影響を及ぼす情状	• දඬුවමට බලපාන වාතාවරණය
・刑罰	• දඬුවම; දන්ඩණය
・頚部	• ගෙල; ග්‍රීවය
・警部	• පොලිස් පරීක්ෂක
・警部補	• සහකාර පොලිස් පරීක්ෂක
・刑務官	• සිරගෙදර නිළධාරියා
・刑務所	• සිර ගෙදර;
・刑務所長	• සිරගෙදර ප්‍රධාන නිළධාරී
・結果回避義務	• ප්‍රතිඵල කාරණය සිද්ධවීම වැළැක්වීමේ යුතුකම
・欠格事由	• නුසුදුසුවීමේ පදනම; පත් නොකිරීමේ පදනම
・結果的加重犯	• ප්‍රතිඵල කාරණයේ පදනම මත වැඩි කරන ලද වරද
・結審する	• නඩුව සමාප්ත කිරීමට
・決定	• තීරණය; තීන්දුව
・県	• ප්‍රිෆෙක්ටරය
・原因において自由な行為	• නඩුව සම්බන්ධයෙන් නිදහස් ක්‍රියාව
・厳格な証明	• දැඩි සනාථ කිරීම
・県警察本部	• ප්‍රිෆෙක්ටර පොලිස් මූලස්ථානය
・現行犯	• පැහැදිලිව පෙනෙන වරද (වරදකරුවා)

・現行犯人逮捕手続書	・පැහැදිලිව පෙනෙන වරදක වරදකරුවකු අත්අඩංගුවට ගැනීමේ අවස්ථාව
・原裁判所	・පූර්ව උසාවිය; මුල් උසාවිය; පහළ උසාවිය
・検察官	・(රාජ්‍ය) චෝදක
・検察官請求証拠	・මහජන චෝදක විසින් පරීක්ෂණය සඳහා ඉල්ලා සිටින තොරතුරු
・検察事務官	・චෝදකගේ සහකාර නිළධාරියා
・検察審査員	・විනිශ්චය සඳහා පත්කරණ කොමිසමේ සාමාජික
・検察審査会	・විනිශ්චය සඳහා පත්කරණ කොමිසම
・検視	・මිනියක් පරීක්ෂා කිරීම; මරණ පරීක්ෂණය
・検事	・රාජ්‍යචෝදක
・検事正	・ප්‍රධාන දිස්ත්‍රික් රාජ්‍යචෝදකගේ කාරයාලය
・検事総長	・රාජ්‍ය චෝදක ජෙනරාල්වරයා
・検事長	・ප්‍රධාන පරීක්ෂක චෝදක
・現住建造物	・ජනයා පදිංචි ව්‍යුහයක්
・検証	・අනිවාරය පරීක්ෂාව
・検証調書	・අනිවාරය පරීක්ෂාව පිළිබඳ වාරතාව
・原審	・මුල් උසාවිය; පහළ උසාවිය
・原審弁護人	・පහළ උසාවියේ විත්තියේ නීතිඥ
・限定責任能力	・සීමිත සාපරාධී වගකීම
・原判決	・මුල් නඩු තීන්දුව
・憲法違反	・ආණ්ඩුක්‍රම ව්‍යවස්ථාව කඩ කිරීම ව්‍යවස්ථා විරෝධී භාවය
・原本	・මුල් ලියවිල්ල(ලි); මුල් පිටපත්
・検面調書	・චෝදක ඉදිරිපිට හා චෝදක විසින් ගන්නා ලද ප්‍රකාශය
・権利保釈	・විධානාත්මක ඇපය
・牽連犯	・සම්බන්ධිත අපරාධය විධි ප්‍රතිඵල සම්බන්ධතා අපරාධය
・故意	・චේතනාව; අදහස

・合意書面	・අපේක්ෂිත ප්‍රකාශවල එකඟ වු ලියවිලි
・勾引状	・ඉදිරිපත් කිරීම පිළිබඳ රීති ආඥාව
・勾引する	・විත්තිකරුවකු (සාක්ෂිකරුවකු) අනිවාරයෙන්ම නියම කරන ලද ස්ථානයකට ගෙන ඒමට
・合議体	・(ත්‍රෛයි විනිශ්චයකාර) මණ්ඩලය
・公共職業安定所（職安）	・මහජන සේවානියුක්ති ආරක්ෂක කාරයාල
・抗拒不能	・ප්‍රතිරෝධය දැක්වීමට අපොහොසත්ව; ආරක්ෂාරහිත
・後見監督人	・භාරකරුගේ පාලක
・後見人	・භාරකරු
・抗告	・කොකොකු අභියාචනය; තීන්දු හැරෙන්නට උසාවියේ නියෝගයන්ට විරුද්ධ අභියාචනය
・抗告裁判所	・කොකොකු අභියාචනය අධිකරණය
・抗告の趣旨	・අභියාචන කරුණ
・抗告の取下げ	・අභියාචනය ඉවත්කර ගැනීම
・公使	・අමාත්‍යවරයා
・強取する	・සොරකම් කිරීමට
・公序良俗	・පොදු විනය හා සදාචාරය
・更新する	・අලුත් කිරීමට
・更生	・(වරදකරුවකු) පුනරුත්තාපනය කිරීම
・更正決定	・නිවැරදි කිරීමේ තීරණය
・構成裁判官	・සයිබාන්-ඉන් ක්‍රමය යටතේ ජූරි සභාවේ සාමාජික විනිසුරුවන්
・構成要件	・වරදක ව්‍යුහාත්මක (සමන්විත) මූල
・厚生労働省	・සෞඛ්‍ය, කම්කරු හා සුභසාධන අමාත්‍යාංශය
・厚生労働大臣	・සෞඛ්‍ය, කම්කරු හා සුභසාධන ඇමති
・控訴	・ඉහළ උසාවියකට කොසො අභියාචනය; පළමු අවස්ථා උසාවියේ තීන්දුවකට විරුද්ධ අභියාචනය
・公訴	・පැමිණිල්ල; අධිචෝදනාව
・公訴棄却	・පැමිණිල්ල නිෂ්ප්‍රභා කිරීම
・控訴棄却	・කොසෝ අභියාචනය නිෂ්ප්‍රභා කිරීම

・公訴権濫用	・පැමිණිලි කිරීමේ බලය අපහරණය කිරීම
・控訴裁判所	・දෙවන අවස්ථා අධිකරණය; කොසෝ අභියාචනය අධිකරණය
・公訴時効	・සීමා කිරීමේ ආඥා පනත; පැමිණිලි කිරීමේ කාලසීමාව
・公訴事実	・චූදිත වරදට; චූදිත වරදට අඩංගු කරුණු
・控訴趣意書	・(කොසෝ) අභියාචනය සඳහා හේතු ප්‍රකාශය, ඉල්ලුම් කරන්නාට පැහැදිලි කිරීම
・控訴審	・දෙවන අවස්ථා අධිකරණය; (කොසෝ) අභියාචන අධිකරණය; (කොසෝ) අභියාචන උසාවියේ නඩුව
・公訴提起	・රාජ්‍ය ක්‍රියා ප්‍රාරම්භය; (කොසෝ) අභියාචන අධිකරණය
・控訴提起期間	・(කොසෝ) අභියාචනයක් සඳහා ගොනු කිරීමේ කාලය
・控訴申立書	・(කොසෝ) අභියාචනාය සඳහා (ලිඛිත) ඉල්ලුම් පත්‍රය
・控訴理由	・(කොසෝ) අභියාචනාය සඳහා පදනම (හේතු)
・拘置所	・රඳවා තැබීමේ නිවාසය
・交通切符	・මාරග නීති ටිකට්ටුව
・交通事件原票	・මාරග නීති කඩකිරීම පිළිබඳ පොලිස් වාරතාව
・交通反則金	・මාරග නීති උල්ලංඝනය සඳහා දඩය (ගෙවීම) මාරග නීති උල්ලංඝනය සඳහා දන්ඩණීය නොවන දඩය
・口頭	・ඉදිරිපත් කිරීම
・高等検察庁（高検）	・උසස් රාජ්‍ය චෝදකගේ කාර්යාලය
・高等裁判所（高裁）	・ඉහල උසාවිය
・高等裁判所長官	・ඉහල උසාවියේ ප්‍රධාන විනිශ්චයකාර
・口頭弁論	・වාචික තරකය; වාචික නීති කෘත්‍යය
・公判期日	・නඩු දිනය
・公判準備	・නඩු සූදානම
・公判調書	・නඩු වාරතාව
・公判廷	・නඩු උසාවිය
・公判手続	・නඩු නීති කෘත්‍යය; නඩු විභාග ක්‍රියා පටිපාටිය

・公判前整理手続	• පූර්ව සාකච්ඡා ක්‍රියාවලිය
・公判前整理手続期日	• පූර්ව සාකච්ඡා ක්‍රියාවලිය සඳහා දිනය
・公判前整理手続調書	• පූර්ව සාකච්ඡා ක්‍රියාවලිය පිළිබඳ වාරතා
・交付送達	• පෞද්ගල සේවාව; ඇත්තෙන්ම ඉටු කිරීමේ සේවාව
・公文書	• නිල ලේඛණය
・公務員	• රාජ්‍ය නිලධාරියා
・拷問	• වධ හිංසනය
・公用文書	• නිල / රාජ්‍ය කටයුතු සඳහා ලේඛණය
・勾留	• රඳවා තැබීම
・拘留	• දණ්ඩන රඳවා තැබීම
・勾留執行停止	• රඳවා තැබීම ක්‍රියාත්මක කිරීම තාවකාලිකව අත්හිටුවීම
・勾留状	• රඳවා තැබීමේ ආඥාව / රඳවා තැබීමේ රිට් ආඥාව
・勾留理由開示	• රඳවා තැබීමේ හේතු හෙලි කිරීම සඳහා නීති කෘත්‍යය
・コカイン	• කොකේන්
・呼気アルコール濃度	• ස්වසනයේ මද්‍යසාර ඝණත්වය
・語気を荒げて	• කෝපාන්විත (ප්‍රචණ්ඩ, රලු) ස්වරයකින්
・国外犯	• ජපානයෙන් පිටතදී සිදු කරන ලද අපරාධ
・国際司法共助	• ජාත්‍යන්තර අධිකරණ සහය
・国籍	• ජාතිකත්වය
・国選被害者参加弁護士	• විපතට ලක්වූ අය වෙනුවෙන් උසාවිය විසින් පත් කරණ නීතිඥයා
・国選弁護人	• උසාවියෙන් පත්කල වීත්තියේ නීතීඥයා; පත්කල නීතීඥයා
・告訴	• විපතට පත් (ගොදුරු) වු පුද්ගලයාගෙන් (හෝ ඥාතීන්ගෙන්) පැමිණිල්ල
・告訴状	• ලිඛිත පැමිණිල්ල; පැමිණිලි ලිපිය
・告知する	• දන්වා සිටිනවා; නිවේදනය කරනවා

・告発	・චෝදනාව; තෙවැනි පාරශවයකින් කෙරෙන පැමිණිල්ල
・告発状	・ලිඛිත පැමිණිල්ල; පැමිණිලි ලිපිය
・戸籍抄本	・පවුල් ලේඛණයේ පාරශවීය පිටපත / උදෘත පවුල් ලේඛණය
・戸籍謄本	・පවුල් ලේඛණයේ සහතික කල පිටපත
・護送	・ආරක්ෂිතව කැඳවානෙයෑම
・誤想防衛	・වැරදි ආත්මාරක්ෂාව
・国家公安委員会	・ජාතික මහජන ආරක්ෂණ කොමිසම
・誤判	・දෝෂ සහගත විනිශ්චය

【さ　行】

・罪刑法定主義	・අපරාධ හා දඬුවම් පිලිබඳ නෛතික ප්‍රතිපත්තිය (පුරව දණ්ඩ නීතියක් නොමැතිව අපරාධයක් හෝ දඬුවමක් නැත)
・裁決	・(පරිපාලනමය) විනිශ්චය කරනය
・最高検察庁（最高検）	・මහා රාජ්‍යචෝදකගේ කාරයාලය
・再抗告	・දෙවැනි (කොකොකු) අභියාචනය
・最高裁判所（最高裁）	・ශ්‍රේෂ්ඨාධිකරණය
・最高裁判所長官	・ශ්‍රේෂ්ඨාධිකරණයේ විනිශ්චයකාර
・最高裁判所判事	・ශ්‍රේෂ්ඨාධිකරණයේ අග්‍රවිනිශ්චයකාර
・最終弁論	・සමාප්ත (නම් කිරීමේ) තරකය
・罪証隠滅のおそれ	・සාක්ෂි විනාශ කිරීමේ හෝ සැඟවීමේ අන්තරාය
・罪状認否	・චෝදනා කරුණු වලට විත්තිකරුගේ පිළිතුර
・再審	・නැවත විභාගය; නඩු මාරගය නැවත ඇරඹීම
・再審開始決定	・නැවත නඩු විභාගය සඳහා තීරණය
・再審事由	・නැවත නඩු විභාගය සඳහා පදනම
・罪数	・වැරදි සංඛ්‍යාව
・罪体	・වරදෙහි මූලික කාරණය

法律用語【さ行】

・在庁略式手続	・විත්තිකරු උසාවි ගොඩනැගිල්ල තුළ හෝ (රාජ්‍ය චෝදක ගේ කාරයාලයේ) සිටිය දී කෙරෙන ලඝු ආඥා කාරය පටිපාටිය
・在廷証人	・උසාවියට ඉදිරිපත්වූ සාක්ෂිකරුඃ ස්වේච්ජාවෙන් උසාවියේ පෙනී සිටින සාක්ෂිකරු
・再入国許可	・යළි පිවිසීමේ අවසරය
・採尿手続	・මුත්‍රා ලබා ගැනීමේ කාරය පටිපාටිය
・再犯	・අපරාධයක් යළි කිරීම; දෙවැනි අපරාධය
・裁判	・විනිශ්චය කිරීම
・裁判員	・පුරවැසි විනිශ්චය මංඩලය
・裁判員候補者	・පුරවැසි විනිශ්චය මංඩලය අපේක්ෂක
・裁判員等選任手続	・පුරවැසි විනිශ්චය මංඩලය තෝරාගැනීමේ පිළිවෙත
・再犯加重	・දෙවැනි අපරාධයක් සඳහා වැඩිකල (සමුච්චිත) දඬුවම
・裁判官	・විනිශ්චයකරු
・裁判官の面前における供述	・විනිශ්චයකරු ඉදිරිපිට ප්‍රකාශය
・裁判権	・බාලාධිකරණය; අධිකරණ බලය
・裁判所	・උසාවිය
・裁判所事務官	・උසාවි නිලධාරී
・裁判所書記官	・උසාවි ලිපිකරු
・裁判所速記官	・උසාවි යතුරු ලේඛක
・再反対尋問	・ප්‍රති හරස්ප්‍රශ්ණ ඇසීම
・裁判長	・මුලාසනාරූඪ විනිස්චයකාර
・裁判を受ける権利	・නඩු විභාගයක් සඳහා අයිතිය; උසාවි යෑමට අයිතිය
・財物	・දේපළ
・罪名	・වරදෙහි නම; චෝදනාව
・在留期間の更新許可	・නැවතී සිටීමේ අවසර කාලය දික් කිරීම
・在留資格	・නේවාසික තත්වය
・在留資格証明書	・නේවාසික තත්වය පිළිබඳ සහතිකය
・裁量保釈	・අභිමතානුසාරී ඇපය

・錯誤	・වැරැද්ද
・酒酔い・酒気帯び鑑識カード	・බීමත්කම / බීමත්කම පිළිබඳ පරීක්ෂණ වාර්තාව
・差押え	・තහනම් කිරීම; අත්පත්කර ගැනීම
・差押調書	・තහනම් කිරීම (අත්පත්කර ගැනීම) පිළිබඳ වාර්තාව
・差し戻す	・රිමාන්ඩ් භාරයට ගැනීම
・査証（ビザ）	・වීසා (වාස) බලපත්‍රය
・査証相互免除	・අන්‍යෝන්‍ය වීසා නිදහස
・参考人	・දෝශ දර්ශනයට (සැලකිල්ලට, චූදිතනාවට) ලක් පුද්ගලයා
・資格外活動許可	・කලින් දුන් නේවාසිකත්වයේ තත්වය විසින් අවසර දුන්නාට අමතර කටයුත්තක නිරත වීමට අවසරය
・自救行為	・ස්වෝපකාරය
・死刑	・මරණ දඬුවම
・事件受理	・නඩුවක් බාරගැනීම
・時効	・කාල සීමාව
・事後審	・කොසෝ අභියාචන අධිකරණය විසින් මූලික නඩු තීන්දුව කාරණයට පසුව විමර්ශණය කරන උසාවිය විසින් සොයාගන්නා ලද කරුණ / කරුණු සහ සාක්ෂි
・自己に不利益な供述	・කෙනෙකුගේ චූදිතනාවට පටහැනි ප්‍රකාශය
・自己負罪拒否特権	・ස්වයං වරදකාර වීමට එරෙහි වරප්‍රසාදය
・自己矛盾の供述	・ස්වයං පරස්පර ප්‍රකාශය
・事実誤認	・කරුණු සෙවීමේ වරද; කරුණු වශයෙන් වූ වරද
・事実審	・කරුණු සෙවීමේ නීති කෘත්‍ය; නඩු විභාගය
・事実の錯誤	・කාරණය / සත්‍ය පිළිබඳ වරද
・事実の取調べをする	・කරුණු පරීක්ෂා කිරීමට
・自首	・ස්වේච්ඡාවෙන් භාර වීම
・事前準備	・කලින් සූදානම් වීම
・私選弁護人	・පෞද්ගලිකව පත්කල ගත් වීත්තියේ නීතීඥ
・刺創	・සිදුරු තුවාලය; පිහි ඇනීමේ තුවාලය

・死体検案書	• පුද්ගලයකුගේ මරණය සහතික කරන වෛද්‍ය වාරතාව / පස්චාත් මරණ වෛද්‍ය සහතික
・辞退事由	• සයිබාන්-ඉන් ලෙස පත්කිරීමේ පදනම
・示談書	• සමථ ලියවිල්ල
・示談する	• සමථ කරනවා
・次長検事	• නියෝජ්‍ය චෝදක ජනරාල්වරයා
・市町村	• ණගරය / උප නගරය / ගම / මහ නගර සභාව
・市町村長	• නගරාධිපති
・失火	• නොසැලකිල්ල නිසා වු ගින්න
・実況見分調書	• ස්ථානයේදීම (කල) පරීක්ෂණ වාරතාව
・実刑	• දඬුවම ක්‍රියාත්මක කිරීම අත් නොහිටුවා සිරගත කිරීම
・失血死	• රක්තපාතය (අධික ලේ ගලා යෑම) නිසා මරණය
・執行	• ක්‍රියාත්මක කිරීම; සම්බාධක පවත්වාගෙන යෑම
・実行行為	• අපරාධයක් ඉටු කිරීමේ ක්‍රියාව
・執行停止	• ක්‍රියාත්මක කිරීම (තාවකාලිකව) අත්හිටුවීම
・実行の着手	• අපරාධයක් (සිදුකිරීම) ඇරඹීම (ප්‍රාරම්භය)
・執行猶予	• දඬුවම ක්‍රියාත්මක කිරීම අත්හිටුවීම
・質問票	• ප්‍රශ්නාවලිය (සයිබාන්-ඉන් අපේක්ෂක සඳහා)
・指定医療機関	• නම් කරන ලද වෛද්‍ය ආයතනය
・指定侵入工具	• ගෙවල් බිඳ ඇතුල්වීම සඳහා නම් කරන ලද උපකරණ
・指定通院医療機関	• බාහිර ප්‍රතිකාර සඳහා නම් කරන ලද වෛද්‍ය ආයතන
・指定入院医療機関	• නේවාසික ප්‍රතිකාර සඳහා නම් කරන ලද වෛද්‍ය ආයතන
・刺突	• පිහියෙන් ඇනීම; ඇනීම
・児童買春	• ළමා ගණිකා වෘත්තිය
・自白	• පාපෝච්චාරණය
・自費出国	• යමකු තමාගේම වියදමින් රට හැර යෑම

・事物管轄	・විෂය කාරණය පිළිබඳ අධිකරණ බලාධිකාරය
・司法警察員	・අධිකරණ පොලිස් නිළධාරි
・司法警察職員	・අධිකරණ පොලිස් නිළධාරියාට සහය වන්නා (අධිකරන පොලිස් පිරිස)
・司法巡査	・අධිකරණ පොලිස් කොස්තාපල්
・死亡診断書	・මරණ සහතිකය
・始末書	・ලිඛිත සමයාචනය
・氏名照会回答書	・අනන්‍යතා පරික්ෂාවට පිළිතුර
・指紋照会回答書	・ඇඟිලි සලකුණු පරීක්ෂාවට පිළිතුර
・社会通念	・පොදු සමාජ ප්‍රමිති
・社会的相当行為	・සමාජීය වශයෙන් සාධාරණීකරණය කළ හැකි ක්‍රියාව
・社会に復帰することを促進する	・සමාජ පුනරුත්තාපනය ප්‍රජා වරධනය සඳහා
・社会復帰調整官	・සමාජ පුනරුත්තාපනය සම්බන්ධීකාරක
・釈放	・අත්අඩංගුවෙන් මුදාහැරීම
・釈明	・පැහැදිලි කිරීම
・酌量減軽	・අභිමතානුසාරී මන්දිකාරනය; අභිමතානුසාරී (අඩුවම) ලිහිල් කිරීම
・写真撮影報告書	・ඡායාරූප අතුළත් පරීක්ෂණ වාරතාව
・遮へい	・ආවරණ ස්ථානය
・重過失	・බරපතළ　නොසැලකිල්ල
・収容	・රඳවා තැබීම; දණ්ඩන ආයතනයකට භාරදීම ශෝධනාගාරයකට ගෙන ඒම
・住居	・නේවාසික ලිපිනය
・就職禁止事由	・සයිබාන්-ඉන් වශයෙන් නුසුදුසු බවට පදනම
・囚人	・සිරකරුවා
・自由心証主義	・සාක්ෂිවල සාධක අගය සම්බන්ධයෙන් විනිශ්චයකරුවන්ගේ නිදහස් අභිමතය පිළිබඳ මූලධරමය
・周旋する	・මැදිහත් වීම සඳහා
・重大な事実の誤認	・සාධක සොයා ගැනීමේ බරපතළ (මූලික) වරද

法律用語【さ行】

・（重大な）他害行為 ・ අන්‍යයන්ට (දරුණු) තුවාල සිදු කිරීමේ ක්‍රියාව
・自由な証明 ・ සනාථ කිරීම සඳහා ලිහිල් කළ නීති ක්‍රියාවලිය
・従犯 ・ (වරදක) උදව්ව
・主観的違法要素 ・ නීතිවිරෝධීභාවයේ විෂයබද්ධ කරුණු
・酒気帯び ・ (ස්වසනයේ ලීටරයකට මිලිග්‍රෑම් . යන පරිමාවට වඩා) යමකුගේ ශරීරයේ මත්පැන් රඳවා ගැනීම; බීමත්
・主刑 ・ ප්‍රධාන දඬුවම
・受刑者 ・ දඬුවමක් විඳින සිරකරුවා
・主尋問 ・ ඍජු ප්‍රශ්ණ ඇසීම; මුලින් ප්‍රශ්ණ ඇසීම
・受訴裁判所 ・ නඩුව විභාග කරන උසාවිය
・受託裁判官 ・ නඩුව විභාග කිරීම භාරගත් විනිශ්චයකාරවරයා
・出国命令 ・ නික්මීමට නියෝග
・出頭 ・ පෙනී සිටීම
・出頭命令 ・ පෙනී සිටීමට නියෝග
・出入国記録 ・ ආගමන වාරතාව
・主任弁護人 ・ වෘත්තියේ ප්‍රධාන නීතීඥ
・主犯 ・ ප්‍රධානයා/ ප්‍රතිපත්තිය
・主文（判決主文） ・ මුල (ප්‍රධාන) පිටපත වැකිය දඬුවම
・受命裁判官 ・ බලය පවරන ලද විනිශ්චයකාරවරයා
・主要事実 ・ විවාදාපන්න කාරණය
・準起訴手続 ・ අරධ-චෝදක නීති ක්‍රියාවලිය (උසාවිය චෝදකයාගේ තැන ගෙන නඩු චෝදනාව කළ යුතු දැයි තීරණය කරයි)
・準抗告 ・ විනිසුරු වරයකු හෝ චෝදකයකු ගේ විනිශ්චයට එරෙහි අභියාචනය; කොකොකු අභියාචනය (උදා; එකම උසාවිය තුළ තනි විනිශ්චයකාරයකුගේ තීරණයෙන් ත්‍රෛයි විනිශ්චයකාර මණ්ඩලයකට අභියාචනය)
・巡査 ・ පොලිස් නිළධාරි

・巡査長	・ජ්‍යෙෂ්ඨ පොලිස් නිලධාරි
・巡査部長	・පොලිස් සාජන්ට්වරයා
・遵守事項	・අවනත විය යුතු නිරදේශන
・照会	・පරික්ෂණය
・傷害	・(ශාරීරික) තුවාල
・召喚	・කැඳවනවා
・召喚状	・කැඳවුමේ රිට් ආඥාව
・召喚する	・කැඳවීමට
・情況（状況）証拠	・අනියම් සාක්ෂිය
・証言	・සාක්ෂිය
・証拠	・සාක්ෂිය
・証拠開示	・සාක්ෂි එළිදරව්ව; සාක්ෂි සොයා ගැනීම
・上告	・අවසාන අභියාචනය; ජොකොකු අභියාචනය (ශ්‍රේෂ්ඨාධිකරණයට අභියාචනය)
・上告趣意書	・ජොකොකු අභියාචනය සඳහා හේතු ප්‍රකාශය (ලිඛිත); අභියාචක සඳහා ලුහුඬු විස්තරය
・上告審	・අවසන් අභියාචනාධිකරණය; ශ්‍රේෂ්ඨාධිකරණ නීති ක්‍රියාවලිය
・上告理由	・ශ්‍රේෂ්ඨාධිකරණයට අභියාචනා කිරීමේ හේතු
・証拠決定	・සාක්ෂි අතුළත් කිරීමේ නියෝගය
・証拠書類	・ලේඛණ ගත සාක්ෂි
・証拠調べ	・සාක්ෂි පරික්ෂා කිරීම
・証拠資料	・සාක්ෂිමය ද්‍රව්‍ය
・証拠説明	・සාක්ෂි විස්තරය
・証拠等関係カード	・සාක්ෂි පත්‍රය
・証拠能力	・සාක්ෂියේ අවශ්‍යතාවය
・証拠の提示	・සාක්ෂි ඉදිරිපත් කිරීම
・証拠の標目	・සාක්ෂි ලේඛණය
・証拠排除	・සාක්ෂි යටපත් (බැහැර) කිරීම
・証拠物	・ද්‍රව්‍යාත්මක සාක්ෂි; ප්‍රදරශකය; භෞතික සාක්ෂි

法律用語【さ行】

・証拠方法	• සාක්ෂියක් විය හැකි විෂය (වරගය)
・証拠保全	• සාක්ෂි සංරක්ෂණය
・常習性	• (පුනරාපරාධිත්වය); පුනරාපරාධ ස්වභාවය
・常習犯	• පුනරාපරාධිත්වය; පුනරාපරාධියා
・情状	• අපරාධයක් වටා වු වාතාවරණය (තත්වය)
・情状酌量	• මන්දිකාරක වාතාවරණය සලකා බැලීම
・上申書	• ලිඛිත ප්‍රකාශය
・上訴	• අභියාචනය
・上訴権者	• අභියාචනයක් කිරීමට අයිතියක් ඇති පුද්ගලයා: අයිතියෙන් අභියාචක
・上訴裁判所	• අභියාචන උසාවිය
・上訴趣意書	• අභියාචනා කිරීමට හේතු දක්වන ප්‍රකාශය; අභියාචකයා සඳහා සාරාංශ කිරීම
・上訴提起期間	• අභියාචනය ගොනු කිරීමේ කාලය
・上訴の取下げ	• අභියාචනයක් ඉල්ලා අස්කර ගැනීම
・上訴の放棄	• අභියාචනයක් පවාරණය කිරීම (අත්හැරීම)
・焼損する	• දවාලීම (සහ හානි කිරීම)
・証人	• සාක්ෂිකරු
・証人尋問	• සාක්ෂිකරු පරීක්ෂා (විභාග) කිරීම
・証人尋問調書	• සාක්ෂිකරු පරීක්ෂා කිරීමේ වාරතාව
・少年	• බාලයා (ළමයා)
・少年院	• ළමා පුහුණු පාසල; චරිතශෝධනාගාරය
・少年刑務所	• ළමා සිරගෙදර
・条文	• වගන්තිය; වාක්‍ය ඛණ්ඩය
・小法廷	• ශ්‍රේෂ්ඨාධිකරණයේ සුලු විනිශ්චය සභාව (පීඨය)
・抄本	• උද්ධෘතය; පාර්ශ්වීය පිටපත
・証明予定事実	• ඔප්පු කලයුතු කාරණය
・証明力	• පරිවාසක වටිනාකම (සාක්ෂි); සාක්ෂිමය වටිනාකම
・条約	• ගිවිසුම; සම්මතය
・上陸拒否事由	• ගොඩ බැසීම ප්‍රතික්ෂේප කිරීමට හේතුව

・条例	・(නගරසභා / පලාත්මය) ආඥාව; අතුරු ව්‍යවස්ථා
・処遇事件	・ප්‍රතිකාර නඩුව
・嘱託する	・අධිකාරය දීමට
・職務質問	・පොලිස් ප්‍රශ්ණ කිරීම
・職務従事予定期間	・රාජකාරියෙහි යෙදීමට නියමිත කාලය
・所持品検査	・පෞද්ගලික දේපල පිළිබඳ පොලිස් පරීක්ෂාව
・書証	・ලේඛණ ගත සාක්ෂි පිරික්සීම
・除斥	・විනිශ්චයකරුවකු නඩුවකින් ව්‍යවස්ථාපිතව බැහැර කිරීම
・処断する	・දඬුවම් කිරීම; තීරණය කිරීම; නියම කිරීම; ඉවත දැමීම
・職権	・නිල බලය
・職権証拠調べ	・නිල බලයෙන් සාක්ෂි පරීක්ෂා කිරීම / සාක්ෂි පිළිබඳව පූර්ව නිළධාරී පරීක්ෂණය
・職権調査	・උසාවි නිල බලයෙන් කෙරෙන පරීක්ෂණය; පූර්ව නිළ පරීක්ෂණය
・職権保釈	・නිල බලයෙන් ඇප පිට මුදා හැරීම / මෝසමකින් පමනක් ඇපමත මුදා හැරීම
・職権濫用	・(නිල) බලය අනිසි ලෙස පරිහරණය කිරීම
・処罰条件	・දඬුවම් කොන්දේසි
・初犯	・පලමු වරද
・署名	・අත්සන
・資力申告書	・කෙනෙකුගේ මූල්‍ය සම්පත් පිළිබඳ වාර්තාව වාර්තාව
・信義則	・විස්වාසය හා විස්වාසවන්තතාව පිළිබඳ මූලධරමය
・人権擁護局	・මානුෂික අයිතිවාසිකම් කාර්යාංශය
・親告罪	・විපතට පත්වූ තැනැත්තාගේ පැමිණිල්ලක් ගොනු කිරීම මත චෝදනා කිරීම රඳා පවතින වැරදි
・審査補助員	・චෝදකයගේ විභාගය සඳහා වූ කමිටුවේ සහායක
・心証	・ඇස්තමේන්තුව; වරදකරු කිරීම

・身上照会回答書	・පෞද්ගලික පසුබිම පිළිබඳ පරික්ෂාවකට පිළිතුර
・心神耗弱	・දුරවල මානසිකත්වය; අරධ උමතුව
・心神喪失	・උමතුව
・審尋	・ප්‍රශ්ණ විචාරීම
・人身取引	・මනුෂ්‍ය ජාවාරම
・真正な	・සැබෑ (සත්‍ය)
・親族相盗	・ඥාතීන්ට එරෙහි සොරකම
・身体検査	・ශරීර සෝදිසිය හා පරික්ෂාව
・身体検査令状	・භෞතික / ශරීර සෝදිසිය හා පරික්ෂාව සඳහා වරෙන්තුව
・診断書	・වෛද්‍ය වාර්තාව; වෛද්‍ය සහතිකය
・人定質問	・විත්තිකරු හඳුනාගැනීම සඳහා ප්‍රශ්ණ
・シンナー	・තීන්ත ද්‍රාවනය (තිනර)
・審判	・නඩු විභාගය
・審判期日	・නඩු විභාගය/ ඇසීමේ දිනය
・審判調書	・නඩු/ ඇසීමේ වාර්තාව
・尋問事項	・පරික්ෂාව (ප්‍රශ්න කිරීම) සඳහා අයිතම (ද්‍රව්‍ය)
・尋問する	・පරික්ෂා කිරීමට; ප්‍රශ්න කිරීමට
・信用性	・විශ්වසනීයත්වය
・信頼の原則	・සහේතුක හැසිරීම ගැන විස්වාසය තැබීමේ රීතිය
・審理不尽	・අපරිණත තීරණය පරික්ෂා නොකළ දේ අතහැරීම
・推定する	・අනුමාන කිරීමට
・性格異常	・චරිත විකෘතිය
・生活環境	・ජීවන පරිසරය; සමාජ අවස්ථාවන්
・税関	・රේගු නිවාසය
・請求による裁判員等の解任	・පුරවැසි විනිශ්චය මංඩලය ප්‍රතික්ෂේප කිරීම ආදිය ඉල්ලූ විට
・正式裁判	・විධිමත් නඩු විභාගය
・正式裁判請求	・විධිමත් නඩු විභාගයක් සඳහා ඉල්ලීම

法律用語【さ行】

- 精神鑑定 ・මනෝ චිකිත්සක ඇගයුම; මානසික තත්වය පිළිබඳ විශේෂඥ පරීක්ෂාව
- 精神障害者 ・මානසිකව විකෘතිය; මානසික ආබාධය; මානසික විකෘතියක් ඇති පුද්ගලයා
- 精神障害を改善する ・මානසිකව විකෘත සුව කිරීම
- 精神病 ・මානසික රෝගය
- 精神病質 ・මනෝව්‍යාධික පෞරුෂය
- 精神保健観察 ・මානසික සෞඛ්‍ය නිරීක්ෂණය
- 精神保健参与員 ・මානසික සෞඛ්‍ය උපදේශක
- 精神保健指定医 ・නම්කරන ලද මානසික සෞඛ්‍ය වෛද්‍ය වරයා
- 精神保健審判員 ・මානසික සෞඛ්‍ය නඩුවක් මෙහෙයුම් කිරීමට පත් කරණ ලද වෛද්‍ය වරයා
- 精神保健判定医 ・මානසික සෞඛ්‍ය නඩුවක් විනිශ්චයට හැකියාව ඇති වෛද්‍ය වරයා
- 精神保健福祉士 ・මානසික සෞඛ්‍ය සමාජ ක්‍රියාකරු
- 正当業務行為 ・යුක්ති සහගත ව්‍යාපාරයකදී කරන ලද කාරයයක්
- 正当防衛 ・ආත්මාරක්ෂාව
- 正犯 ・ප්‍රධානක (ප්‍රධානයා) / ප්‍රතිපත්තිය
- 正本 ・සත්‍ය බව සහතික කළ පිටපත; මුල් පිටපත
- 声紋 ・ශ්‍රව්‍ය පිටපත
- 政令 ・කැබිනට් ආඥා පනත
- 責任 ・බැඳීම / වගකීම; උපවාදෘතාව
- 責任軽減事由 ・බැඳීම / වගකීම් ලිහිල් කරන හේතු
- 責任阻却事由 ・වගකීම නිශේධනය කරන හේතු; නිදහස (නිදහසට හේතු)
- 責任能力 ・සාපරාධී වගකීම දැරීමේ හැකියාව; සාපරාධී යෝග්‍යතාව
- 責任無能力者 ・සාපරාධී බැඳීම / වගකීම දැරීමට නොහැකි පුද්ගලයා
- 責任要素 ・බැඳීමක් / වගකීම් සමන්විත කරන කරුණු

・責問権の放棄	・පටිපාටිමය වරදක් ගැන දෝෂාරෝපණය කිරීමට දැති අයිතිය නැති කිරීම
・是正命令	・ප්‍රතිශෝධිත නියෝගය
・接見	・සම්මුඛ පරීක්ෂණය
・接見禁止	・රඳවා තබාගත් තැනැත්තාට හෝ සිරකරුට පිටත සම්බන්ධතා හෝ සන්නිවේදනය තහනම
・接見交通	・රඳවා තබා ගත් තැනැත්තා සමඟ සම්මුඛ සාකච්ඡා හෝ පිටත පුද්ගලයන් සමඟ සම්බන්ධතා (ද්‍රව්‍ය ලබා ගැනීම හෝ යැවීම)
・窃取	・සොරා ගැනීම; සොරකම
・絶対的控訴理由	・අභියාචනය සඳහා පරම හේතු
・是非弁別	・හරි හා වැරදි අතර වෙනස හඳුනා ගැනීම; වැරදි දෙයින් හරි දෙය තෝරා ගැනීම
・前科	・අපරාධ වාරතාව; පෙර වැරදිකරු වීම
・前科調書	・අපරාධ වාරතාව පිළිබඳ සටහන
・宣告する	・ප්‍රකාශයට පත් කිරීමට
・宣誓	・දිවුරුම
・専属管轄	・සුවිශේෂ අධිකරණ බලසීමාව
・選任決定	・පත් කිරීමට නියෝගය
・選任予定裁判員	・පුරවැසි විනිශ්චය මංඩලය කලින් පත් කිරීම
・訴因	・චෝදනාංක
・訴因変更	・චෝදනාංක සංශෝධනය
・訴因を明示する	・චෝදනාංක පැහැදිලිව විස්තර කිරීමට
・捜査	・පරීක්ෂණය
・捜査機関	・පරීක්ෂණ අධිකාරය (මණ්ඩලය); පරීක්ෂණ නියෝජ්‍යායතනය
・捜査記録	・පරීක්ෂණ සටහන් වාරතාව
・捜索	・සෙවීම
・捜索差押許可状	・සොයා තහනම් කිරීමේ (අත්පත් කරගැනීමේ) වරෙන්තුව

・捜索差押調書	・සොයා තහනම් කිරීමේ (අත්පත් කරගැනීමේ) වාරතාව
・捜索状	・සෝදිසි වරෙන්තුව
・捜索調書	・සෝදිසි ක්‍රියාවලියේ වාරතාව
・捜査照会回答書	・පරීක්ෂණ විමසුමට පිළිතුර
・捜査状況報告書	・පරීක්ෂණ වාරතාව
・送達する	・සේවා සැපයීමට / භාරදීමට
・送致する	・යොමු කිරීමට; (සැකකරුවකු) යැවීමට
・相当因果関係	・පිළිගත හැකි; සාධාරන (නියම) හේතුඵලතාව
・相当な理由	・පිළිගත හැකි / වියහැකි හේතු
・遡及処罰の禁止	・අතීතගාවද බලපාන අඩුවම් තහනම්; පශ්චාද් සිද්ධි නීති තහනම
・即時抗告	・ක්ෂණික කොකොකු අභියාචනය
・訴訟記録	・නඩු වාරතාව; නීති කෘත්‍ය වාරතාව
・訴訟係属	・නඩු කීමට පවත්නා කාලය
・訴訟行為	・පටිපාටක ක්‍රියාව
・訴訟指揮	・නීති කෘත්‍ය පාලනය හා නඩු විභාගයේ මූලාසනය දැරීම
・訴訟条件	・චෝදනා කිරීමේ තත්වය
・訴訟手続	・කාරය පටිපාටිය; නීති කෘත්‍ය
・訴訟手続の法令違反	・නීති කෘත්‍යයේ නීති හා ආඥා කඩ කිරීම සහ උසාවි ක්‍රියාකාරකම් පිළිබඳ ව්‍යවස්ථා
・訴訟能力	・නඩු විභාගයකට පෙනී සිටීමට යෝග්‍යතාව
・訴訟費用	・නඩු වියදම
・速記	・ලඝු ලේඛණය
・即決裁判手続	・ඉක්මන් කරනලද විනිශ්චය ක්‍රියාවලිය
・疎明	・බැලූ බැල්මට ඔප්පු කිරීම
・疎明資料	・බැලූ බැල්මට ඔප්පු කිරීම සඳහා කරුණු
・損害賠償命令	・වන්දි ගෙවීමට නියෝග

【た　行】

・第一審	・මුල් අවස්ථා අධිකරණය; මුල් අවස්ථා අධිකරණයේ නඩු විභාගය
・退院	・නිදහස් කිරීම
・退去強制令書	・ලිඛිත පිට මං කිරීමේ නියෝගය
・大使	・තානාපති
・大使館	・තානාපති කාරයාලය
・対質	・එක් සාක්ෂි කරුවකු තවත් සාක්ෂි කරුවකු හා අභිමුඛ කිරීම
・大赦	・පොදු සමාව
・対象行為	・ප්‍රස්තුත පනත
・対象事件	・ප්‍රස්තුත නඩුව
・対象者	・ප්‍රස්තුත පුද්ගලයා
・退廷しなさい	・උසාවියෙන් පිට වී යන්න
・退廷命令	・උසාවියෙන් පිට වී යෑමට නියෝගය
・逮捕	・අත් අඩංගුවට ගැනීම
・大法廷	・ශ්‍රේෂ්ඨාධිකරණයේ පූරණ විනිශ්චය සභාව (පීඨය)
・逮捕状	・අත් අඩංගුවට ගැනීමට වරෙන්තුව
・大麻	・කංසා
・大麻樹脂	・කංසා දුඹුලු
・大麻草	・හෙම්ප්; කංසා; මරිජුවානා
・代用監獄	・රඳවා ගැනීමේ නිවාසයක් වෙනුවට ගන්නා පොලිස් සිර මැදිරියක්; විකල්ප රඳවා ගැනීමේ නිවාසයක්
・代理権	・බලය (බල අධිකාරය) නියෝජනය කිරීමේ (හැකියාව)
・立会い	・නීති ක්‍රියාව පියට පැමිණ සිටීම
・弾劾証拠	・දෝෂාභියෝග අරමුණ සඳහා සාක්ෂි
・嘆願書	・ආයාචනය (උසාවියෙන් ඉල්ලීම)
・単独犯	・සහචරයෙකු නැතිව අපරාධකරුවෙකු අපරාධයක නිරත වීම

・知的障害 ・ මානසික ආබාධිත භාවය
・地方検察庁（地検） ・ දිස්ත්‍රික් රාජ්‍ය චෝදකගේ කාර්යාලය
・地方検察庁支部 ・ දිස්ත්‍රික් රාජ්‍ය චෝදකගේ කාර්යාලයේ ශාඛා කාර්යාලය
・地方公共団体 ・ පලාත්පාලන ආයතනය
・地方裁判所（地裁） ・ දිස්ත්‍රික් උසාවිය
・地方裁判所支部 ・ දිස්ත්‍රික් උසාවියේ ශාඛා කාර්යාලය
・地方法務局 ・ දිස්ත්‍රික් නීති කටයුතු බියුරෝව
・注意義務 ・ රැක බලා ගැනීමේ කාරයය
・中央更生保護審査会 ・ වැරදිකරුවන් පුනරුත්ථාපනය කිරීමේ ජාතික කොමිසම
・中止犯 ・ අපරාධයක් නිම කිරීමට පෙර එය නතර කරන වැරදිකරුවා; ස්වේච්ඡාවෙන් අපරාධයක් කිරීම අත්හැර දැමීම
・中止未遂 ・ වැරදිකරුවා ඔහුගේ/ ඇගේ අපරාධයක් නිම කිරීම ස්වේච්ඡාවෙන් නතර කල අවස්ථාව
・懲役 ・ අනිවාරය වැඩ සහිත සිර දඬුවම
・長期３年以上 ・ උපරිම අවුරුදු තුනක් හෝ වැඩි කාලයක්
・調書 ・ (නඩු විභාග) වාර්තාව; වාර්තා කරගත් (ලිඛිත) ප්‍රකාශය
・調書判決 ・ නඩු වාරතාවට අනුයුක්ත කරන ලද ලිඛිත තීන්දුව
・直接証拠 ・ සෘජු සාක්ෂි
・陳述する ・ ප්‍රකාශයක් දීමට
・追完する ・ පැසසීමට; පසුව සම්පූරන කිරීමට දෝශයක් නිවැරදි කිරීමට
・追起訴 ・ පසු අධිචෝදනාව; අතිරෙක අධිචෝදනාව
・追徴 ・ රාජ සන්තක කල භාණ්ඩයේහි සමාන වටිනාකම අය කරගැනීම; සමාන වටිනාකම අය කරගැනීම
・追徴保全 ・ සමාන වටිනාකමක් ලබා ගැනීමට නියෝගය තාවකාලිකව අත්හිටුවීම

・通院期間の延長	・බාහිර ප්‍රතිකාර ලබා ගැනීමේ කාලය දීර්ඝ කිරීම
・通常逮捕	・සාමාන්‍ය අත්අඩංගුවට ගැනීම (වරෙන්තුවට පෙර අත්අඩංගුවට ගැනීම)
・通達	・අන්තර-ඒජන්සි චක්‍ර ලේඛණ දැන්වීම
・通訳	・පරිවර්තකයා
・付添い	・පැමිනීම; කැටුව යැම
・付添人	・උපස්ථායකයා
・つきまとい	・හිරිහැරකාරී ලෙස පසුපස යන්නා
・罪となるべき事実	・වරදක් සමන්විත කරන කරුනු
・罪を犯したことを疑うに足りる充分な理由	・අපරාධය සිද්ධ කර ඇතැයි සැක කිරීමට ප්‍රමාණවත් හේතුව
・罪を行い終わってから間がない	・සුළු වෙලාවකට කලින් අපරාධයක් සිද්ධකල පුද්ගලයා අපරාධය සම්පුර්ණ කිරීමට පසු වහාම
・連戻状	・පලාගිය ළමා අපරාධකරුවකු නැවත අත් අඩංගුවට ගැනීමට වරෙන්තුව
・連れ戻す	・පලාගිය (ළමා) අපරාධකරුවකු නැවත අත් අඩංගුවට ගැනීම
・ＤＮＡ鑑定	・ඩී. එන්. ඒ පරීක්ෂණය
・提出命令	・ඉදිරිපත් කිරීමට නියෝගය
・廷吏	・උසාවි නිලධාරියා
・撤回	・නඩුවක් අස්කර ගැනීම
・電子計算機	・පරිගණකය
・電磁的記録	・විද්‍යුත්චුම්බක පටිගත කිරීම (පටි, පරිගණක තැටි ආදිය)
・伝聞供述	・ශ්‍රැතිමාත්‍ර ප්‍රකාශය / කටකතා; ද්විතීය ප්‍රකාශය
・伝聞証拠	・ශ්‍රැතිමාත්‍ර / කටකතා සාක්ෂිය
・伝聞法則	・ශ්‍රැතිමාත්‍ර / කටකතා රීතිය
・電話聴取書	・දූරකථන සංවාද වාර්තාව
・同意	・කැමැත්ත (අභිමානය)
・道義的責任	・සදාචාරාත්මක යුක්තිය පදනම කරගත් වගකීම

・統合失調症	・ක්‍රියා හා හැඟීම්වල සම්බන්ධතාවය නැති මානසික විකෘතිභාවය
・同行状	・බාල වයස් කරුවකු සඳහා සිතාසිය
・同行する	・කැටුව යෑම
・当事者	・පාරශ්වය
・謄写する	・පිටපත් කිරීමට
・盗聴	・හොරෙන් අසා සිටීම; ටැප් කිරීම; බග් කිරීම; විද්‍යුත් ආවේක්ෂණය
・答弁書	・ලිඛිත පිළිතුර; පිළිතුර; පිළිතුරු ප්‍රකාශය
・謄本	・සහතික කළ පිටපත
・特殊開錠用具	・විශේෂ අගුළු පිකින්ග් උපකරණ
・特定侵入行為	・නිවෙස්වලට කඩා වැදීම සඳහා විශේෂ ක්‍රියාකාරකම්
・特に信用すべき情況（特信情況）	・විශේෂයෙන් විශ්වාසනීය (විශ්වාස කළහැකි) වාතාවරණය; විශ්වාසනීයත්වය ඇති කරන වට පිටාවේ කරුණු
・特別抗告	・විශේෂ කොකොකු අභියාචනය
・特別弁護人	・විශේෂ ආරක්ෂක උපදේශක
・土地管轄	・දේශීය බලසීමාව
・都道府県公安委員会	・ප්‍රදේශීය මහජන ආරක්ෂණ කොමිසම
・取り消す	・නිෂ්ප්‍රභා කිරීමට; අහෝසි කිරීමට; අස් කිරීමට; අවලංගු කිරීමට; ප්‍රතිවරතනය කිරීමට
・取り下げる	・අස්කර ගැනීමට; අවලංගු කිරීමට
・取り調べる	・ප්‍රශ්ණ කිරීමට; පරීක්ෂා කිරීමට
・トルエン	・ටොලුයින; මීතයිල්බෙන්සින්

【な　行】

・内閣府	・අමාත්‍ය මණ්ඩල කාරයාලය
・捺印	・යමෙකුගේ මුද්‍රාව තැබීම
・二重の危険	・ද්විත්ව අනතුර

法律用語【な・は行】

- 日本司法支援センター（法テラス） ・ජපන් නීති සත්කාර මධ්‍යස්ථානය
- 入院 ・ආරෝග්‍යශාලාවට ඇතුලත් කිරීම,රෝහල් ගතකිරීම
- 入院継続の確認 ・ආරෝග්‍යශාලාව තුල දිගටම සිටීම ප්‍රකාශ කිරීම
- 入院によらない医療 ・ආරෝග්‍යශාලාවට ඇතුලත් නොකොට ප්‍රතිකාර කිරීම
- 入院を継続する ・ආරෝග්‍යශාලාව තුල දිගටම සිටීම
- 入国 ・ආගමනය; පිවිසීම
- 入国管理局 ・ප්‍රාදේශිය ආගමන බියුරෝව
- 入国管理局出張所 ・ප්‍රාදේශිය ආගමන බියුරෝව ශාඛා කාර්යාලය
- 入国管理センター ・ආගමන මධ්‍යස්ථානය
- 入国者収容所 ・ආගමන රඳවා තබා ගැනීමේ මධ්‍යස්ථානය
- 入国審査官 ・ආගමන පරීක්ෂක
- 入国手続 ・පිවිසීමෙ (ආගමන) ක්‍රියා පටිපාටිය
- 任意性 ・ස්වේච්ඡාභාවය
- 任意捜査 ・ස්වේච්ඡා පදනමක් මත පරීක්ෂා කිරීම
- 任意提出書 ・සාක්ෂිමය ද්‍රව්‍ය ස්වේච්ඡාවෙන් ඉදිරිපත් කිරීම සඳහා වූ පෝරමය
- 任意的弁護事件 ・ආරක්ෂක උපදේශකයකුගේ පෙනී සිටීම අවශ්‍ය නොවන නඩු විභාගය
- 任意同行 ・ස්වේච්ඡාවෙන් කැටුව යෑමට
- 脳挫傷 ・මොළයට හානි වීම; මොළයේ තැල්ම

【は　行】

- 売春 ・ගණිකා වෘත්තිය
- 売春周旋 ・ගණිකා සැපයීම; පිම්පිකම් කිරීම
- 陪席裁判官 ・සහාය විනිශ්චයකාර
- 破棄移送 ・ප්‍රතිවරතණය කොට මාරු කිරීම අහෝසි කොට මාරු කිරීම

法律用語【は行】

・破棄差戻し	・ප්‍රතිවරතණය කොට භාර කිරීම; අහෝසි කිරීම; අහෝසි කොට ආපසු යැවීම
・破棄自判	・ප්‍රතිවරතණය හා තම නඩු තීන්දුව; අහෝසි කොට නඩුවෙහි තීන්දුව දීම
・破棄する	・ප්‍රතිවරතණය කිරීමට; අහෝසි කිරීමට; අවලංගු කිරීමට
・破棄判決	・මුල් නඩු තීන්දුව ප්‍රතිවරතණය කිරීමට (නිෂ්ප්‍රභා කිරීමට) තීන්දුව
・罰金	・දඩය
・ハッシシ（ハッシシュ）	・හසීෂ්
・罰条	・දඬුවම් නිර්වචනය කිරීමට නීති වගන්ති(න්)
・犯意	・සාපරාධී චේතනාවඃ සාවද්‍ය චේතනාව
・判決	・නඩු තීන්දුව; දඬුවම; තීරණය
・判決書	・ලිඛිත නඩු තීන්දුව
・判決に影響を及ぼすことが明らか	・පැහැදිලිව නඩු තීන්දුවට බලපාන
・判決の宣告	・නඩු තීන්දුව ප්‍රකාශයට පත් කිරීම
・判決理由	・නඩු තීන්දුව සඳහා පදනම
・犯行	・අපරාදයක් සිදු කිරීම
・犯罪	・වරද; අපරාධය
・犯罪行為を組成した物（犯罪組成物件）	・සාපරාධී ක්‍රියාවක කොටසක් වූ දෙය
・犯罪事実	・අපරාධයෙහි සිද්ධි; අපරාධය සමන්විත කරන්නාවූ සිද්ධි
・犯罪収益	・අපරාධවලින් ලාභ ලැබීම
・判事	・විනිශ්චයකාරවරයා
・判示する	・මතුකොට පෙන්වනවා; නඩු තීන්දුවකදී දක්වනවා
・判事補	・සහකාර විනිශ්චයකාරවරයා
・反証	・සාක්ෂි බිඳ දමනවා
・犯情	・අපරාධය සිදුවූ වාතාවරණය

・反則金	• මාර්ග නීති කඩ කිරීමට දඩය මාර්ග නීති උල්ලංඝනය සඳහා දඬුවමක් නොවන දඩය
・反対尋問	• හරස් ප්‍රශ්න ඇසීම
・判例	• අධිකරණ පුර්වාදර්ශය
・判例違反	• අධිකරණ පුර්වාදර්ශයක් කඩ කිරීම
・判例変更	• අධිකරණ පුර්වාදර්ශයට සංශෝධනය (වෙනස් කිරීම)
・犯歴	• අපරාධ වාර්තාව (පෙර වරදකරුවීම හා අත් අඩංගුවට ගැනීම ගැන)
・被害者	• අගතියට (පීඩාවට) පත්වූ තැනැත්තා හානියටව පත් පාර්ශවය
・被害者還付	• අගතියට පත්වූ තැනැත්තා ප්‍රතිශ්ඨාපනය
・被害者参加人	• අපරාධ විභාගයේදී අගතියට පත් තැනැත්තා සහභාගිවීම
・被害者参加弁護士	• නඩු විභාගයට සහභාගිවන අගතියට පත් තැනැත්තා උපදෙස්දීම
・被害者特定事項	• අගතියට පත් තැනැත්තා හඳුනා ගැනීම් තොරතුරු
・被害届	• සිද්ධි වාර්තාව; අගතියට පත්වූ තැනැත්තාගේ වාර්තාව
・被疑者	• සැකකරු
・非供述証拠	• නොඇසූ නොදුටු සාක්ෂිය
・非行	• අපචාරය
・被告事件	• අපරාධ නඩුව
・被告人	• (අපරාධ) විත්තිකරු
・被告人の退廷	• විත්තිකරු උසාවි කාමරයෙන් ඉවත් කිරීම
・被収容者	• (දඬුවම් පැමිනවූ / නොපැමිනවූ) සිරකරු
・非常上告	• අති විශේෂ ජොකොකු අභියාචනය
・左陪席裁判官	• වමෙහි අසුන් ගත් සහාය විනිශ්චයකරු
・ピッキング用具	• පිකින්ග් උපකරණ
・筆跡	• අත් අකුරු

・必要的弁護事件	・විත්තියේ නීතිඥයා නඩු විභාගයේදී අවශ්‍ය කරන්නාවූ වරද
・必要的保釈	・විධානාත්ම ඇපය
・ビデオリンク	・වීඩියෝ සම්බන්ධය
・秘匿決定	・අගතියට පත් තැනැත්තාගේ තොරතුරු රහසිගතව තබා ගැනීමට නියෝග
・否認	・නිශේධනය; සහතික නොකිරීම; අපලාපනය (නැතැයි කියා සිටීම)
・評議	・හොඳින් කල්පනාකර බැලීම
・評決	・තීරණය / තීන්දුව
・被略取者	・පැහැර ගෙනයනු ලැබූ පුද්ගලයා
・不意打ち	・පුදුමය
・附加［付加］刑	・අතිරෙක දඬුවම (දණ්ඩණය)
・不可抗力	・ප්‍රතිරොධණය කළ නොහැකි බලය;
・不可罰的事後行為	・කාරණයෙන් පසු දඬුවම් කළ නොහැකි ක්‍රියාව (මුලික වරදට පසුව කරන ලද නීතියෙන් දඬුවම් කළ නොහැකි ක්‍රියා උදා: සොර කමින් පසු සොරා ගත් භාණ්ඩ විනාශ කිරීම)
・不起訴処分	・චෝදනා නොකිරීමට තීරණය
・副検事	・සහකාර චෝදක
・不告不理の原則	・චෝදනා නොකර විනිශ්චය නොකිරීමේ මුලධරමය
・不作為犯	・සාපරාධී වරදක් ලෙස ගැනීම අතහැරීම
・婦人補導院	・කාන්තා මාරගෝපදේශක නිවාසය
・不選任の決定	・සයිබාන්-ඉන් නියෝජිතයකු පත් නොකිරීමට නියෝග
・物的証拠	・ප්‍රදරශකය; නියම සාක්ෂිය
・不定期刑	・අවිනිශ්චිත දඬුවම
・不適格事由	・සයිබාන-ඉන් නිශේධ කිරීමේ පදනම
・不同意	・අනුමැතිය නොදෙනවා
・不当逮捕	・ද්වේශ සහගත අත් අඩංගුවට ගැනීම
・不能犯	・අපරාධයක් කිරීමට අසාරථක ප්‍රයත්නය

- 不服申立て ・විරෝධතාවක් ගොනු කිරීමට ඉල්ලුම් පත්‍රය
- 部分判決 ・පක්ෂපාතී තීන්දුව, වෙනස් නඩුවක විනිශ්චය
- 不法在留 ・නීති විරෝධී වාසය
- 不法残留 ・නීති විරෝධී වාසය; අධි වාසය;නියමිත කාලය ඉක්මවා වාසය
- 不法入国 ・නීති විරෝධී පිවිසීම
- 不法領得の意思 ・ආනිමුස් ෆුරන්ඩ (සොරාගැනීමේ චේතනාව)
- 不利益な事実の承認 ・ඔහුගේ / ඇයගේ කැමැත්තට විරුද්ධව කරුණු ඉදිරිපත් කිරීම
- 不利益変更の禁止 ・විත්තිකරුගේ අවාසියට නඩු තීන්දුවක් වෙනස් කිරීම පිළිබඳ තහනම
- 併科する ・සමගාමී දඬුවම් පැනවීමට ;එකතුවන ලෙස දඬුවම් පැමිනවීම
- 併合決定 ・සම්බන්ධීකරණ නියෝගය
- 併合罪 ・වෙන වෙනම අපරාධ සම්බන්ධ කිරීම
- 併合する ・සම්බන්ධ කිරීමට
- 別件逮捕 ・බොරුවට පෙන්වන ලද වරදකට අත් අඩංගුවට ගැනීම (වෙනත් වරදකට පාපෝච්චාරණයක් ලබා ගැනීම සඳහා වරදකට අත් අඩංගුවට ගැනීම)
- 別の合議体による裁判所 ・වෙනත් ජූරියක් ඇති උසාවිය
- 弁解録取書 ・සැකකරුවාගේ ප්‍රකාශය (පැහැදිලි කිරීම ,විවරණය)
- 弁護士 ・වෘත්තියෙහි නිරත ඇටර්නිවරයා නීතිඥයා වෘත්තියෙහි නිරත නීතිඥයා පෞද්ගලික නීතිඥයා
- 弁護士会 ・නීතිඥ සංගමය
- 弁護人 ・විත්තියේ නීතිඥයා
- 弁護人依頼権 ・නීතිඥයකුතබා ගැනීමට අයිතිය / අයිතිවාසිකම
- 弁護人選任権 ・නීතිඥයකු (පත්කිරීමට) අයිතිය
- 変造 ・වෙනස් කරණවා; ස්වභාවය වෙනස් කරණවා;
- 弁論 ・වාචික නීති කෘත්‍යය / විවාදය; අවසන් (සමාප්ත, නිම) කිරීමේ තරකය

・弁論再開 ・වාචික නීති කෘත්‍ය / විවාදය යළි ඇරඹීම
・弁論終結 ・වාචික නීති කෘත්‍ය අවසන් (සමාප්ත, නිම) කිරීම
・弁論能力 ・වාචික තරක මෙහෙය වීමට ඇති ප්‍රවීණතාව
・弁論分離 ・වාචික නීති කෘත්‍ය වෙන් කිරීම
・弁論併合 ・වාචික නීති කෘත්‍ය සම්බන්ධ කිරීම
・弁論要旨 ・වෘත්තියේ නීතිඥයාගේ සම්පිණ්ඩණ (නිම කිරීමේ) තරකය
・防衛の意思 ・ආත්මාරක්ෂාවට ක්‍රියා කිරීමේ අදහස
・包括一罪 ・විස්තීරණ (සියලුදේ අතුළත්) කේවල වරද
・謀議 ・කුමන්ත්‍රණය
・防御権 ・විත්ති වාචකයට අයිතිය
・暴行 ・පහර දෙනවා; බැට දෙනවා
・傍受 ・(ඉලෙක්ට්‍රෝනික සංවාදයන්) නවතා දැමීම
・幇助する ・අනුබල දීමට; උදවු කිරීමට: පහසුකම් සැළසීමට
・幇助犯 ・උදවු කරන්නා; පහසුකම් සලසන්නා
・法人 ・අධිකරණ පුද්ගලයා; ආයතනය
・傍聴席 ・උසාවි ශාලාවේ නිරීක්ෂකයන්ගේ (අමුත්තන්ගේ) ආසන
・傍聴人 ・නිරීක්ෂකයෝ; අමුත්තො; නරඹන්නෝ
・法廷 ・උසාවිය; උසාවි ශාලාව
・法定刑 ・නීතියෙන් නිරදේශිත දඬුවම
・法廷警察権 ・උසාවි ශාලාවේ පොලිස් කටයුතු අධිකාරය උසාවිය තුල සාමය ආරක්ෂා කිරීමේ බලය
・法定代理人 ・නීති නියෝජිතයා
・法定手続の保障 ・යුතු නීති ක්‍රියාවලිය පිළිබඳ සහතිකය
・冒頭陳述 ・ප්‍රාරම්භක ප්‍රකාශය
・法の不知 ・නීතිය නොතකා හැරීම
・法の下の平等 ・නීතිය යටතේ සමානත්වය
・方法の錯誤 ・විධිවල වරද, නොමග යෑම
・法務局 ・නීති කටයුතු බියුරෝව

・法務省	・අධිකරණ අමාත්‍යාංශය
・法律	・නීතිය; ව්‍යවස්ථාව
・法律上の減軽	・ව්‍යවස්ථාපිත (විධානාත්මක) අඩු කිරීම
・法律の錯誤	・නීතියෙහි වරද
・法律の適用	・නීතිය යොදා ගැනීම
・法律審	・නීතිය පිළිබඳ ප්‍රශ්ණ විශ්ලේනයට බලයලත් උසාවිය
・暴力団	・කල්ලිය; පාතාල ලෝකය
・法令	・නීති හා ව්‍යවස්ථා
・法令適用の誤り	・නීතියෙන් හෝ ආඥාවක් යෙදීමේ දී වරද
・保護観察	・පරිවාස අධීක්ෂණය; පාරමුක්ති (පැරෝල) අධීක්ෂණය; පරිවාසය
・保護観察官	・පරිවාස නිළධාරී
・保護観察所	・පරිවාස කාරයාලය
・保護司	・ස්වේච්ඡා පරිවාස නිළධාරී
・保護者	・භාරකරු
・保護法益	・නීතියෙන් ආරක්ෂිත අයිතිය
・保護命令	・ආරක්ෂක විධානය
・保佐監督人	・ආරක්ෂක අධීක්ෂක
・補佐人	・විත්තිකරුවකු සඳහා ඇටරනිවරයකු නොවූ උපදේශකයා
・保佐人	・ආරක්ෂක / අධිකාරීතැන
・保釈	・ඇප පිට නිදහස් කිරීම; ඇපය
・保釈取消し	・ඇපය අවලංගු කිරීම
・保釈保証金	・ඇප මුදල
・補充員	・නඩු විනිශ්චය සඳහා පත්කරන කොමිටියේ අතිරේක සමාජික
・補充裁判員	・අතිරේක' පුරවැසි විනිශ්චය මංඩලය
・補充書	・පරිපුරකයක්
・補助監督人	・සහකාර අධීක්ෂක
・補助人	・සහකාර

法律用語【は・ま行】

・没取 ・රාජ සන්තක කිරීම
・没収する ・රාජ සන්තක කිරීම (අහිමි කිරීම)
・没収保全 ・රාජ සන්තක කිරීම තාවකාලිකව අත්හිටුවීම
・ポリグラフ検査 ・පොලිග්‍රාෆ් පරීක්ෂණය
・本籍 ・පවුල් ලේඛණය; ලියා පදිංචි ප්‍රාදේශිකය

【ま 行】

・麻薬 ・මත් ද්‍රව්‍ය
・麻薬常習者 ・මත් ද්‍රව්‍යවලට අබ්බැහි වූ තැනැත්තා
・マリファナ ・මරිජුවානා
・右陪席裁判官 ・දකුණෙහි අසුන්ගත් සභය විනිශ්චයකාරයා
・未決勾留 ・නඩු විභාගය අපේක්ෂාවෙන් රඳවා තබා ගැනීම
・未遂 ・උත්සහ කිරීම
・未成年者 ・බාල වයස්කරු
・密売者 ・නීති විරෝධි වෙළෙන්දා
・密輸出 ・හොරෙන් බඩු ගෙන ඒම
・密輸入 ・හොරෙන් බඩු ගෙනයෑම
・未必の故意 ・ඩොලස් ඉවෙන්චුවාලිස; ප්‍රතිඵලයෙහි විභවතාව පිළිගැනීම
・身分犯 ・තත්ව අපරාධය; වරදකරුවාගේ තත්වය මත රැඳෙන අපරාධය
・無期懲役 ・අනිවාරය වැඩ සහිත (ජීවිතාන්ත) සීමා රහිත සිර දඬුවම
・無罪 ・වරදකාරී නොවීම; නිදහස් කිරීම
・無罪の推定 ・නිරදෝෂත්වයේ පුරවානුමිතිය
・無銭飲食 ・ගෙවීමේ අදහසක් නොමැතිව අවන් හලකින් කෑම බීම ඇනවුම් කිරීම
・無断退去者 ・නේවාසික ප්‍රතිකාර සඳහා නියමවූ වෛද්‍ය ආයතනයකින් අනවසරයෙන් නික්මයෑම

・無賃乗車	・ප්‍රවේශ පත්‍රයක් නැතිව ගමන් කිරීම (දුම්රිය බසය ආදිය)
・無能力者	・අප්‍රවීණ පුද්ගලයා
・酩酊	・බීමත්කම; මත්වීම
・命令	・ආඥාව; නියෝගය
・免訴	・බාහිර හේතු මත නිෂ්ප්‍රභා කිරීම (මුදා හැරීම)
・毛髪鑑定	・කෙස් සාම්පල පරීක්ෂා කිරීම
・黙秘権	・නිහඬව සිටීමට අයිතිය

【や　行】

・薬物犯罪収益	・මත්ද්‍රව්‍ය අපරාධ වලින් ලැබෙන ආදායම්
・やむを得ずにした行為	・නොවැලැක්විය හැකි අවශ්‍යතාවකින් ක්‍රියා කිරීම
・誘引	・පෙළඹවීම
・有期懲役	・අනිවාරය වැඩ සහිත සීමිත කාල සිර දඬුවම
・有罪	・වරදකාරී වීම; වරදකාරීත්වය
・宥恕	・කමාව
・誘導尋問	・උත්තරාරථ ප්‍රශ්නය
・ゆすり	・ත්‍රාසාද්ග්‍රහණය කල කප්පම් ගැනීම
・予見可能性	・පෙර දැකිය හැකි බව
・余罪	・චෝදනා නොකළ වරද : දඬුවම් නොකල වරද
・予断排除	・අවිචාරමතිය මඟහැරීම නැඹුරුව බැහැර කිරීමේ මුලධරමය
・予備	・අපරාධයකට සූදානම් වීම
・呼出状	・කැඳවීමේ රීට් ආඥාව
・呼び出す	・කැඳවීම
・予備的訴因	・පරිපූරක (අතිරේක) චෝදනාංකය

【ら　行】

・立証趣旨	・සනාථ කිරීමේ අරමුණ
・立証する	・සනාථ කිරීමට

・立証責任	・සාධක භාරය
・略式手続	・ලඝු නීති කෘත්‍යය (ක්‍රියාවලිය)
・略式命令	・ලඝු නියෝගය
・略取	・පැහැර ගෙන යෑම
・留置施設	・රඳවා තබා ගැනීමේ පහසුකම්
・理由のくいちがい	・පදනම් නොගැලපීම ; හේතු පරස්පරතාව
・理由の不備	・පදනම් හිඟකම
・理由を示さない不選任の請求	・හේතු නොදක්වා සයිබාන-ඉන් නියෝජිතයකු එම නියෝජනයට පත් නොකිරීමට ඉල්ලීම
・量刑	・දඬුවම් පැමිනවීම
・量刑不当	・ප්‍රමාණවත් නොවූ පදනම (හේතු); පදනම (හේතු) රහිත වීම
・領事	・තානාපති වරයා
・領事館	・තානාපති කාර්යාලය
・領収書	・ලබා ගැනීම
・領置	・ප්‍රදර්ශක ලබා ගැනීම; ප්‍රදර්ශක භාරයේ තබා ගැනීම
・領置調書	・ප්‍රදර්ශක සඳහා ලදුපත (වාර්තාව)
・両罰規定	・(පුද්ගලයකුගේ හා ආයතනයක) සමගාමී දඬුවම වගන්තිය
・旅券（パスポート）	・ගමන් බලපත්‍රය
・輪姦	・එකකුට වැඩි ගණනක් විසින් කාන්තාවක දූෂණය කිරීම
・臨検	・ස්ථානීය පරීක්ෂාව, ගමන
・臨床尋問	・චිකිත්සා පරීක්ෂාව
・類推解釈	・අර්ථ කථනයේදී නිදර්ශන භාවිතය
・累犯	・යළි යළිත් වරදකරු වීම පුනරපරාධිත්වය
・令状	・වරෙන්තුව; රිට් ආඥාව
・連行する	・ප්‍රශ්න කිරීම සඳහා රැගෙන එම, පොලිස් ස්ථානයකට ගෙන යෑම
・労役場留置	・(දඩය නොගෙවීම නිසා) වැඩ නිවසක රැඳවීම

・録音	・ශ්‍රව්‍ය පටිගත කිරීම
・録取（する）	・වාර්තා කර ගැනීම; ලියා ගැනීම
・論告	・චෝදකගේ සමාප්ත (නිම කිරීමේ) ප්‍රකාශයඃ සමාප්ත (නිම කිරීමේ) තරකය
・論告要旨	・(චෝදකගේ) සමාප්ත (නිම කිරීමේ) තරකයේ සම්පිණ්ඩනය

【わ　行】

・わいせつ	・අසභ්‍යතාව; අශිෂ්ට හැසිරීම
・わいろ	・අල්ලස
・和解	・සමාදාන බේරුම

第2章　法令名

【あ　行】

・あへん法	・අබිං පාලන පනත
・医師法	・වෛද්‍ය වෘත්තිකයන්　පිළිබඳ පනත
・意匠法	・සැලසුම් පිළිබඳ පනත
・印紙等模造取締法	・මුද්දර අනුපිටපත් පාලන පනත
・印紙犯罪処罰法	・මුද්දර සම්බන්ධ අපරාධ වලට දඬුවම් පැනවීමේ පනත
・インターネット異性紹介事業を利用して児童を誘引する行為の規制等に関する法律	・විරුද්ධ ලිංගිකයන් විසින් දරුවන් අන්තරජාලය හරහා පොළඹවා ගැනීම් වැලැක්වීමේ පනත
・恩赦法	・ක්‍ෂමා නීතිය

【か　行】

・外国ニ於テ流通スル貨幣紙幣銀行券証券偽造変造及模造ニ関スル法律（外貨偽造法）	・වෙනත් රාජ්‍යවල සංසරණය වන කාසි, මුදල් නෝට්ටු, බැංකු අනකර ව්‍යපාර වස්තු ප්‍රති නිරමානය, වෙනස් කිරීම වැලැක්වීමේ පනත (විදේශ වනිමය වංචා පනත)
・外国為替及び外国貿易法（外為法）	・විදේශ විනිමය හා විදේශ වෙළඳාම පිළිබඳ පනත
・外国裁判所ノ嘱託ニ因ル共助法	・විදේශීය අධිකරණ කොමිසම් වලට සහය වීම මිළිබඳ පනත
・外国人漁業の規制に関する法律	・විදේශිකයන් විසින් මසුන් මැරීම පාළනය කිරීම පිළිබඳ පනත
・外国人登録法	・ආගන්තුකයන් ලියාපදිංචි පනත
・海洋汚染等及び海上災害の防止に関する法律	・සමුද්‍ර දූෂණය සමුද්‍ර ව්‍යසන වැලැක්වීමේ පනත

法令名【か行】

・海上交通安全法	・සමුද්‍රීය ගමන් ආරක්ෂණ පනත
・海上衝突予防法	・මුහුදු ගැටුම් වැලැක්වීම පිළිබඳ පනත
・火炎びんの使用等の処罰に関する法律	・වීදුරු බෝතල්, බෝම්බ භාවිතයට දඬුවම් පැමිනවීමේ පනත
・覚せい剤取締法	・උත්තේජක ඖෂධ පාලන පනත
・貸金業法	・ණය දෙන ව්‍යපාර පිළිබඳ පනත
・火薬類取締法（火取法）	・පුපුරන ද්‍රව්‍ය පාලන පනත
・関税定率法	・රේගු ගාස්තු පනත
・関税法	・රේගු පනත
・漁業法	・ධීවර පනත
・漁船法	・ධීවර යාත්‍රා පනත
・銀行法	・බැංකු පනත
・金融商品取引法	・මූල්‍ය මෙවලම් විනිමය පනත
・警察官職務執行法（警職法）	・පොලිස් රාජකාරි ඉටු කිරීම පිළිබඳ පනත
・警察法	・පොලිස් පනත
・刑事確定訴訟記録法	・අවසන් අපරාධ නඩු වාර්තා පිළිබඳ පනත
・刑事収容施設及び被収容者等の処遇に関する法律	・දඬුවම් පිනිස රඳවා තැබීමේ පහසුකම් සහ සිරකරුවන්ට සැලකීම් කිරීම පිළිබඳ පනත
・刑事訴訟規則（刑訴規則）	・අපරාධ නීති ක්‍රියාවලිය පිළිබඳ රීති
・刑事訴訟費用等に関する法律	・අපරාධ නීති ක්‍රියාවලියේ වියදම් පිළිබඳ පනත
・刑事訴訟法（刑訴法）	・අපරාධ නීති ක්‍රියාවලි සංග්‍රහය
・刑事補償法	・අපරාධ වන්දි පිළිබඳ පනත (පසුව නිවැරැදිබව ඔප්පුවුනු සැකකරුවන් සඳහා වන්දි ගෙවීම පිළිබඳ නීතිය)
・競馬法	・තුරග තරග පනත
・軽犯罪法	・සුලු වැරදි පිළිබඳ පනත
・刑法	・දණ්ඩ නීති සංග්‍රහය
・検察審査会法	・චෝදනා පරීක්ෂණ කමිටු පිළිබඳ පනත

・検察庁法	・මහජන චෝදක නිලධාරී කාර්යාල පනත
・航空機の強取等の処罰に関する法律	・ගුවන් යානා පැහැර ගැනීමට දඬුවම් කිරීම පිළිබඳ පනත
・航空の危険を生じさせる行為等の処罰に関する法律	・ගුවන් ගමන් අනතුරට පත් කරණ ක්‍රියාවන්ට දඬුවම් කිරීම පිළිබඳ පනත
・更生保護事業法	・වැරදිකරුවන් පුනරුත්ථාපනය කිරීමේ සේවා පනත
・更生保護法	・වැරදිකරුවන් පුනරුත්ථාපනය කිරීමේ පනත
・国際受刑者移送法	・වැරදිකරුවන් අන්තරජාතිකව මාරු කිරීම පිළිබඳ පනත
・国際人権規約	・ආර්ථික, සමාජ හා සංස්කෘතික අයිතිවාසිකම් පිළිබඳ ජාත්‍යන්තර ප්‍රඥප්තිය / සිවිල් හා දේශපාලන අයිතිවාසිකම් පිළිබඳ ජාත්‍යනතර ප්‍රඥප්තිය
・国際捜査共助等に関する法律	・පරීක්ෂණ සහ වෙනත් කාරණා සඳහා අන්තරජාතික සහය පිළිබඳ පනත
・国際的な協力の下に規制薬物に係る不正行為を助長する行為等の防止を図るための麻薬及び向精神薬取締法等の特例等に関する法律（麻薬特例法）	・මත් ද්‍රව්‍ය හා සහ සයිකොට්‍රොපික පාලනය පිළිබඳ විශේෂ විධිවිධාන පනත සහ අනෙකුත් නීති විරෝධී කටයුතු දිරිගන්වන ක්‍රියාවන් පාලනය කිරීම අන්තරජාතික සහය පිළිබඳ පනත (මත් ද්‍රව්‍ය පාලන විශේෂ විධිවිධාන පනත)
・国籍法	・ජාතිකත්වය පිළිබඳ පනත
・戸籍法	・පවුල් ලියාපදිංචිය පිළිබඳ පනත

【さ　行】

・裁判員の参加する刑事裁判に関する法律	・ලේ ජජ් ක්‍රමය යටතේ අසන නඩු පිළබඳ පනත (අපරාධ නඩු විභාවලදී පුරවැසි විනිශ්චය මංඩලය සහභාගිත්වය පළිබඳ පනත)

・裁判員の参加する刑事裁判に関する規則	・ලේ ජජ් ක්‍රමය යටතේ අසන නඩු පිළබඳ රීති (අපරාධ නඩු විභාවලදී පුරවැසි විනිශ්චය මංඩලය සහභාගිත්වය පළිබඳ රීති)
・裁判所法	・උසාවි පනත
・酒に酔って公衆に迷惑をかける行為の防止等に関する法律	・බීමත්වූ පුද්ගලයන්ගේ හිරිහැරකාරී ක්‍රියා වැලැක්වීම පිළිබඳ පනත
・自転車競技法	・පාපැදි තරඟ පිළිබඳ පනත
・自動車損害賠償保障法	・රථ වාහන පිළිබඳ ආරක්ෂණ පනත
・自動車の保管場所の確保等に関する法律	・වාහන ගාල් කිරීමේ හා ගබඩා කිරීමේ පහසුකම් ලබා ගැනීම පිලිබඳ පනත
・児童福祉法	・ළමා සුභසාධන පනත
・児童買春，児童ポルノに係る行為等の処罰及び児童の保護等に関する法律	・ළමා ගනිකා වෘත්තිය, ළමා අසභ්‍ය පින්තූර හා ළමා ආරක්ෂාව සම්බන්ධ ක්‍රියාවලට දඬුවම් කිරීම පිළිබඳ පනත
・銃砲刀剣類所持等取締法（銃刀法）	・ගිනි අවි, අසිපත් සහ අනෙකුත් එවැනි ආයුධ සන්තකයේ තබා ගැනීම පාලන පනත (ගිනි අවි සහ අසිපත් පාලන පනත)
・出資の受入れ，預り金及び金利等の取締りに関する法律	・දායකත්වයන්, මුදල් තැන්පතු සහ පොලී පාලන පනත
・出入国管理及び難民認定法	・ආගමන පාලන සහ සරනාගත පිලිගැනීමේ පනත
・少年法	・බාල වයස් කරුවන් පිලිබඳ පනත
・商標法	・වෙළඳ සලකුනු පනත
・商法	・වාණිජ නීති සංග්‍රහය
・職業安定法	・සේවාරක්ෂණ පනත
・所得税法	・අදායම් බදු නීතිය

- ・心神喪失等の状態で重大な他害行為を行った者の医療及び観察等に関する法律（心神喪失者等医療観察法） ・පිස්සුව හෝ උන්මාදය නිසා සිදුවන හානි සඳහා වෛද්‍ය ප්‍රතිකාර කිරීම පිලිබඳ පනත (පිස්සුව හෝ උන්මාදය සඳහා ප්‍රතිකාර කිරීම පිලිබඳ පනත)
- ・人身保護法 ・පෞද්ගලික නිදහස පිලිබඳ පනත
- ・森林法 ・වනය පිලිබඳ පනත
- ・ストーカー行為等の規制等に関する法律 ・හිරිහැර ලෙස පසුපස යන්නන් වැලැක්වීමේ පනත
- ・精神保健及び精神障害者福祉に関する法律（精神保健法） ・මානසික සෞඛ්‍ය සහ මානසික ආබාධිතයන් පිලිබඳ පනත (මානසික සෞඛ්‍ය පිලිබඳ පනත)
- ・船員法 ・නාවිකයන් පිලිබඳ පනත
- ・船舶安全法 ・නැව් ආරක්ෂණ පනත
- ・船舶職員及び小型船舶操縦者法 ・නාවික නිළධාරීන් හා බෝට්ටු පිලිබඳ පනත
- ・船舶法 ・නැව් ආරක්ෂණ පනත
- ・組織的な犯罪の処罰及び犯罪収益の規制等に関する法律 ・සංවිධානාත්මක අපරාධ වලට දඬුවම් පැමිනවීමට හා අපරාධ වලින් ආදායම් ඉපදවීම් වැලකීමේ පනත

【た　行】

- ・大麻取締法 ・කංසා පාලන පනත
- ・著作権法 ・ප්‍රකාශන අයිතිය පිලිබඳ පනත
- ・通貨及証券模造取締法 ・හොර මුදල් නෝට්ටු සහ ව්‍යාපාර කොටස් සහතික පාලනය කිරීමේ පනත
- ・鉄道営業法 ・දුම්රිය ව්‍යාපාරය පිළිබඳ පනත
- ・電気通信事業法 ・විදුලි සංදේශ ව්‍යාපාරය පිළිබඳ පනත
- ・電波法 ・ගුවන් විදුලි පනත
- ・盗犯等ノ防止及処分ニ関スル法律 ・ගෙවල් බිඳීම සහ සොරකම් කිරීම වැලැක්වීමේ දඬුවම් කිරීම පදළිබඳ පනත

法令名【た・な・は行】

・逃亡犯罪人引渡法	・ප්‍රදර්ශන පිලිබඳ පනත
・道路運送車両法	・මාරගස්ත වාහන පනත
・道路交通法（道交法）	・මාරග ගමනා ගමන පනත
・特殊開錠用具の所持の禁止等に関する法律	・විශේෂිත පිකින්ග් උපකරණ,හා එ ආශ්‍රිත ද්‍රවයන් දැරීම වැලැක්වීමේ පනත
・特定商取引に関する法律	・විශේෂිත කරණ ලද වාණිජ හුවමාරු පිළිබඳ පනත
・毒物及び劇物取締法（毒劇法）	・වස සහ අන්තරාය කාරක ද්‍රව්‍ය පාලන පනත
・都道府県条例	・ප්‍රාදේශීය පාලන පනත

【な　行】

・成田国際空港の安全確保に関する緊急措置法	・නරිටා ගුවන් තොටුපලේ ආරක්ෂාව පිළිබඳ හදිසි ක්‍රියාමාරග පිලිබඳ පනත
・日本国憲法（憲法）	・ජපන් ආණ්ඩුක්‍රම ව්‍යවස්ථාව
・日本国とアメリカ合衆国との間の相互協力及び安全保障条約第6条に基づく施設及び区域並びに日本国における合衆国軍隊の地位に関する協定の実施に伴う刑事特別法（刑特法）	・පහසුකම් හා ප්‍රදේශ පිළිබඳ ජපානයේ ඇමරිකා එක්සත් ජනපද හමුදා රැඳවීම පිළිබඳ ජපානය හා ඇමරිකාව අතර අන්‍යෝන්‍ය ආරක්ෂාව පිළිබඳ විශේෂ අපරාධ ගිවිසුමේ VI වගන්තිය ප්‍රකාර　අපරාධ පනත

【は　行】

・廃棄物その他の物の投棄による海洋汚染の防止に関する条約	・අපද්‍රව්‍ය හා වෙනත් ද්‍රව්‍ය දැමීමෙන් වන සමුද්‍ර දූෂණය වැලැක් වීම පිළිබඳ ගිවිසුම
・廃棄物の処理及び清掃に関する法律（廃棄物処理法）	・අපද්‍රව්‍ය කළමනාකරණ හා පොදු පවිත්‍රකරණ පනත

法令名【は行】

・配偶者からの暴力の防止及び被害者の保護に関する法律	・සැමියා / බිරිඳගෙන් සිදුවන කලහකාරිත්වය වැලැක්වීම එම විපතට පත්වුවන්ගේ ආරක්ෂාව පිළිබඳ පනත
・売春防止法	・ගනිකා විරෝධී නීතිය
・破壊活動防止法（破防法）	・කඩාකප්පල්කාරී කටයුතු විරෝධී නීතිය
・爆発物取締罰則	・පුපුරන ද්‍රව්‍ය පාලන නීතිය
・罰金等臨時措置法	・දඩ ආදිය පිළිබඳ තාවකාලික විධිවිධාන නීතිය
・犯罪収益に係る保全手続等に関する規則	・තාවකාලික වැලැක්වීමේ නියෝග ක්‍රියා රීතිය. (අපරාධ ක්‍රියා සංබන්ධව)
・犯罪捜査のための通信傍受に関する法律	・අපරාධ පරීක්ෂණ සඳහා දූරකතන සංවාද රහසේ සවන්දීම පිළිබඳ පනත
・犯罪被害財産等による被害回復給付金の支給に関する法律	・අපරාධ වලින් උපයා ගන්නා මුදලින් ප්‍රතිස්ථාපන වියදම් ගෙවීම පිළිබඳ පනත
・犯罪被害者等の権利利益の保護を図るための刑事手続に付随する措置に関する法律（犯罪被害者等保護法）	・සාපරාධී ක්‍රියාවලින් විපතට පත්වුවන්ගේ අයිතිය හා ආරක්ෂ ආරක්ෂා කිරීම පළිබඳ ගනුලබන ක්‍රියාකාරකම් පිළිබඳ පනත (සාපරාධී විපත් ආරක්ෂණ පනත)
・被疑者補償規程	・සැක කරුවන්ට වන්දි ගෙවීම පිළිබඳ පනත
・人の健康に係る公害犯罪の処罰に関する法律（公害罪法）	・පුද්ගල සෞඛ්‍යයට හානිකර පරිසර දූෂණයට දඬුවම් පැමිනවීම පිළිබඳ පනත (පරිසර දූෂණයට පිළිබඳ පනත)
・風俗営業等の規制及び業務の適正化等に関する法律（風営法）	・විනෝදාත්මක ව්‍යාපාර පාලනය සහ දියුණුකිරීම පිළිබඳ පනත
・武器等製造法	・නිශ්පාදනය කිරීමේ කෙටුම්පත් පනත
・不正競争防止法	・අයුතු තරගකාරිත්වය වැලැක්වීමේ පනත
・法廷等の秩序維持に関する法律	・උසාවියතුල විනය පවත්වා ගැනීම පිළිබඳ පනත
・暴力行為等処罰ニ関スル法律	・ශාරීරික / භෞතික ප්‍රචණ්ඩත්වය පිළිබඳ පනත

【ま　行】

・麻薬及び向精神薬取締法（麻取法）	・මත්ද්‍රව්‍ය සහ සයිකෝට්‍රෝපික පාලන පනත (මත් ද්‍රව්‍ය පනත)
・民事訴訟法	・සිවිල් නඩු විධාන සංග්‍රහය
・民法	・සිවිල් නීති සංග්‍රහය
・モーターボート競走法	・මෝටර බෝට්ටු ධාවන තරඟ පනත

【や　行】

・薬物犯罪等に係る保全手続等に関する規則	・මත් ද්‍රව්‍ය අපරාධ වැලැක්වීමේ නීති ක්‍රියාවලිය පිළිබඳ පනත
・有線電気通信法	・විදුලි කේබල පණිවිඩ හුවමාරු පිළිබඳ පනත
・郵便切手類模造等取締法	・තැපැල් මුද්දර අනුකරණ පාලන පනත
・郵便法	・තැපැල් පනත

【ら　行】

・領海及び接続水域に関する法律	・ප්‍රාදේශීය මුහුදු තීර සහ යාබද මුහුදු තීර පිළිබඳ පනත
・領事関係に関するウィーン条約	・කොනසියුලර සම්බන්ධතා පිළිබඳ වියානා සම්මුතිය
・旅券法	・ගමන් බල පත්‍ර පනත
・労働基準法	・කම්කරු ප්‍රමිති පනත

第3章　罪名

【あ　行】

・あへん煙吸食器具輸入（製造，販売，所持）罪	• අබිං ධූම පාන කට්ටල ආනයනය (නිෂ්පාදනය, විකිණීම, ළඟ තබා ගැනීම)
・あへん煙吸食罪	• අබිං ධූම පානය
・あへん煙吸食場所提供罪	• අබිං ධූම පානය සඳහා පහසුකම් සැපයීම
・あへん煙等所持罪	• අබිං ධූම පානය සඳහා අබිං ළඟ තබා ගැනීම
・あへん煙輸入（製造，販売，所持）罪	• ධූම පානය සඳහා අබිං ආනයනය (නිෂ්පාදනය, විකිණීම, ළඟ තබා ගැනීම)
・あへん法違反（所持，譲渡，譲受，使用，輸入）	• අබිං නීතිය කඩ කිරීම (ළඟ තබා ගැනීම, යැවීම, ලබා ගැනීම, භාවිතය, ආනයනය)
・遺棄罪	• අත්හැර දැමීම
・遺棄等致死罪	• අත්හැර දැමීමෙන් මරණයට පත්වීම
・遺棄等致傷罪	• අත්හැර දැමීමෙන තුවාලවීම
・遺失物等横領罪	• නැතිවූ බඩු ආදිය විපරිවර්තනය කිරීම
・威力業務妨害罪	• බලහත්කාරයෙන් ව්‍යාපාරවලට බාධා කිරීම
・営利目的等被略取者収受罪	• ලාභය සඳහා පැහැරගත් පුද්ගලයකුගේ භාරය පිළිගැනීම
・営利目的等略取（誘拐）罪	• ලාභය සඳහා පැහැරගෙන යෑම
・延焼罪	• ගිනි පැතිරවීමට උදව් කිරීම
・往来危険罪	• ගමනාගමනයට තර්ජන එල්ල කිරීම
・往来危険による艦船転覆（沈没，破壊）罪	• ගමනාගමනයට තර්ජන එල්ලවන ලෙස මුහුදු යාත්‍රා පෙරළීම (ගිල්වීම, හානිකරවීම)
・往来危険による汽車転覆（破壊）罪	• ගමනාගමනයට තර්ජන එල්ලවන ලෙස දුම්රිය පෙරළීම (විනාශ කිරීම)
・往来妨害罪	• ගමනාගමනයට බාධා කිරීම
・往来妨害致死罪	• ගමනාගමනයට බාධා කිරීමෙන් මරණය සිදු කිරීම
・往来妨害致傷罪	• ගමනාගමනයට බාධා කිරීමෙන් තුවාල සිදු කිරීම
・横領罪	• තමන් පාලනයේ ඇති පොදු මුදල් වංචා කිරීම

【か　行】

・外国国章損壊(除去，汚損)罪	・විදේශීය කොඩි විනාශ කිරීම (ඉවත් කිරීම, විරූප කිරීම)
・外国人登録法違反（登録不申請）	・ආගන්තුක ලියාපදිංචි පනත උල්ලංඝනය කිරීම (ලියා පදිංචිවීමට අපොහොසත්වීම)
・外国通貨偽造罪	・විදේශය මුදල් නෝට්ටු හොරට මුද්‍රණය කිරීම
・覚せい剤取締法違反(所持，譲渡，譲受，使用，輸入)	・උත්තේජක ඖෂධ පාලන නීතිය උල්ලංඝනය කිරීම (ලග තබා ගැනීම, යැවීම, ලබා ගැනීම, භාවිතය, ආනයනය)
・過失往来危険罪	・ගමනාගමනයට අනතුරුදායක වන ආකාරයේ නොසැලකිලිමත්බව
・過失激発物破裂罪	・පුපුරණ ද්‍රව්‍ය පිපිරීමට හේතුවන නොැලකිලිමත්බව
・過失建造物等浸害罪	・ගොඩනැගිලි වලට හානි සිදුවන ගංවතුර ඇති කරවන හේතු නිර්මානය කිරීමේ නොසැලකිලිමත්කම
・過失傷害罪	・නොසැලකිලිමත්කමින් සිදුවන ශාරීරික තුවාල
・過失致死罪	・නොසැලකිලිමත්කම නිසා මරණය සිදු කිරීම
・加重逃走罪	・තියුණු පලායාම
・加重封印等破棄罪	・රාජ්‍ය මුද්‍රණ හා සළකුනු බරපතල ලෙස විනාශ කිරීම් වැලැක්වීමේ පනත
・ガス漏出罪	・ගෑස් කාන්දු සිදු කිරීම
・ガス漏出等致死罪	・ගෑස් කාන්දු සිදු කිරීමෙන් මරණය සිදු කිරීම
・ガス漏出等致傷罪	・ගෑස් කාන්දු සිදු කිරීමෙන් තුවාල සිදු කිරීම
・監禁罪	・නීති විරෝධී ලෙස සිරකර තැබීම
・監禁致死罪	・නීති විරෝධී ලෙස සිරකර තැබීමෙන් මරණය
・監禁致傷罪	・නීති විරෝධී ලෙස සිරකර තැබීමෙන් තුවාල සිදු කිරීම
・艦船往来危険罪	・නැව් ගමනාගමනය අනතුරුදායක කිරීම
・偽計業務妨害罪	・වංචාකාරී විධිවලින් ව්‍යාපාරවලට බාධාකිරීම
・危険運転致死罪	・අන්තරායකාරීලෙස රිය ධාවනයෙන් මරණය සිදු කිරීම

・危険運転致傷罪	• අන්තරායකාරීලෙස රිය ධාවනයෙන් තුවාල සිදු කිරීම
・汽車転覆罪	• දුම්රිය පෙරලීම
・汽車転覆等致死罪	• දුම්රිය පෙරලීමෙන් මරණය හෝ තුවාල, සිදු කිරීම
・偽証罪	• බොරු සාක්ෂි දීම
・偽造外国通貨行使罪	• හොර විදේශ මුදල් පරිහරනය
・偽造公文書行使罪	• හොර නිළ ලියවිලි පරිහරනය
・偽造私文書行使罪	• හොර පෞද්ගලික ලියවිලි පරිහරනය
・偽造通貨行使罪	• හොර මුදල් පරිහරනය
・偽造通貨等収得罪	• හොර මුදල් ආදිය ලබා ගැනීම
・偽造有価証券行使罪	• හොර ව්‍යාපාර වස්තු පරිහරනය
・器物損壊罪	• දේපල වලට හානි කිරීම
・境界損壊罪	• සීමා / මායිම් වලට හානිකිරීම
・恐喝罪	• පැහැර ගැනීම
・凶器準備集合（結集）罪	• නීති විරෝධී සන්නද්ධ රැස්වීම්
・強制執行関係売却妨害罪	• අනිවාර්ය දඬුවමට සංබන්ධ ගනුදෙනු වලට බාධා පැමිනවීම
・強制執行行為妨害罪	• අනිවාර්ය දඬුවම් පනතට බාධා කිරීම
・強制執行妨害罪	• අනිවාර්ය දඬුවමට බාධා කිරීම
・強制執行妨害目的財産現状改変罪	• අනිවාර්ය දඬුවමට බාධා කිරීම අරමුනින් දේපොල වෙනස් කිරීම
・強制執行妨害目的財産損壊（隠匿）罪	• අනිවාර්ය දඬුවමට බාධා කිරීම අරමුනින් දේපොල විනාශ කිරීම (සැඟවීම)
・強制執行妨害目的財産無償譲渡罪	• අනිවාර්ය දඬුවමට බාධා කිරීම අරමුනින් දේපොල නොමිළයේ පැවරීම
・強制執行申立妨害目的暴行（脅迫）罪	• අනිවාර්ය දඬුවම් ඇපැල බාධා කිරීම අරමුනින් ප්‍රචණ්ඩ ක්‍රියා (බිය වැද්දීම්) කිරීම
・強制わいせつ罪	• අශිෂ්ඨ අතවරය
・強制わいせつ致死罪	• අශිෂ්ඨ අතවරය නිසා මරණය සිදු කිරීම
・強制わいせつ致傷罪	• අශිෂ්ඨ අතවරය නිසා තුවාල සිදු කිරීම
・脅迫罪	• බිය ගැනවීම
・業務上横領罪	• සමාජ ක්‍රියාකාරකම් වලදී වංචා කිරීම

・業務上過失往来危険罪	• වෘත්තීයමය නොසැලකිලිභාවයෙන් ගමනාගමනය අන්තරාදායක කිරීම
・業務上過失激発物破裂罪	• සමාජ ක්‍රියාකාරකම් වලදී නොසැලකිලිභාවයෙන් පුපුරණ ද්‍රව්‍ය පිපිරවීමට සැලැස්වීම
・業務上過失致死罪	• සමාජ ක්‍රියාකාරකම් වලදී නොසැලකිලිභාවයෙන් මරණය
・業務上過失致傷罪	• සමාජ ක්‍රියාකාරකම් වලදී නොසැලකිලිභාවයෙන් තුවාල සිදු කිරීම
・業務上失火罪	• සමාජ ක්‍රියාකාරකම් වලදී නොසැලකිලිභාවයෙන් ගිණි ඇවිලවීම
・強要罪	• බලකිරීම
・虚偽鑑定罪	• බොරු විශේෂඥ මතය
・虚偽告訴罪	• බොරු පැමිනිල්ල
・虚偽診断書作成罪	• බොරු වෛද්‍ය සහතික ඉදිරිපත් කිරීම
・激発物破裂罪	• පුපුරණ ද්‍රව්‍ය පිපිරවීම
・現住建造物等放火罪	• නේවාසික ගොඩනැගිලි ගිණි තැබීම
・建造物侵入罪	• ගොඩනැගිලි වලට කඩා වැදීම
・建造物損壊罪	• ගොඩනැගිලි වලට හානි සිදු කිරීම
・建造物損壊致死罪	• ගොඩනැගිලි වලට හානි සිදු කිරීමෙන් මරණය හෝ
・建造物損壊致傷罪	• ගොඩනැගිලි වලට හානි සිදු කිරීමෙන් තුවාල සිදු කිරීම
・建造物等以外放火罪	• ගොඩනැගිලි නොවන වස්තුන්ට ගිණි තැබීම
・公印偽造罪	• නිළ මුද්‍රා හොරට තැබීම
・公印不正使用罪	• අනවසර නිළ මුද්‍රා භාවිතය
・強姦罪	• ස්ත්‍රී දූෂණය
・強姦致死罪	• ස්ත්‍රී දූෂණය හේතුවෙන් මරණය
・強姦致傷罪	• ස්ත්‍රී දූෂණය හේතුවෙන් තුවාල සිදු කිරීම
・公記号偽造罪	• අනවසර නිළ ලාංඡන නිෂ්පාදනය
・公記号不正使用罪	• අනවසර නිළ ලාංඡන භාවිතය
・公契約関係競売等妨害罪	• ප්‍රසිද්ධ වෙන්දේසි ආදියේදී ලන්සු ආදියට බාධා කිරීම
・公正証書原本等不実記載罪	• සහතික කල ඔප්පුවල සාවද්‍ය තොරතුරු සටහන් කිරීම

・公然わいせつ罪	• ප්‍රසිද්ධ අශ්ලීලත්වය
・強盗強姦罪	• සොරකමකදී ස්ත්‍රී දූෂණය
・強盗強姦致死罪	• සොරකමකදී ස්ත්‍රී දූෂණයෙන් මරණය සිදු කිරීම
・強盗罪	• සොරකම
・強盗致死罪	• මරණය සිදුකරණ තුවාල
・強盗致傷罪	• තුවාල සිදුකරණ සොරකම
・強盗予備罪	• සොරකම සඳහා සූදානම්වීම
・公務員職権濫用罪	• රාජ්‍යසේවකයකු බලය අනිසි ලෙස යෙදීම
・公務執行妨害罪	• රාජකාරියට බාධා කිරීම
・公用文書毀棄罪	• මහජන ප්‍රයෝජනයට ඇති ලියවිලි විනාශ කිරීම
・昏酔強盗罪	• සිහිය නැති කිරීම මගින් සොරකම

【さ　行】

・裁判員の参加する刑事裁判に関する法律違反	• ලේ ජජ් ක්‍රමය යටතේ අසන ලද නඩුවක පනත උල්ලංඝනය කිරීම
（裁判員等に対する請託（情報提供）罪）	(පුරවැසි විනිශ්චය මංඩලය සඳහා ඉල්ලීමක් කිරීම හෝ තොරතුරු සැපයීම)
（裁判員等に対する威迫罪）	(පුරවැසි විනිශ්චය මංඩලය් මගින් නීති විරෝධී ලෙස බියගැන්වීම)
（裁判員等による秘密漏示罪）	(පුරවැසි විනිශ්චය මංඩලය් මගින් නීති විරෝධී ලෙස රහස්‍ය තොරතුරු හෙළි දරව් කිරීම)
（裁判員の氏名等漏示罪）	(පුරවැසි විනිශ්චය මංඩලය් මගින් නීති විරෝධී ලෙස නම් ආදිය හෙළි දරව් කිරීම)
（裁判員候補者による虚偽記載（陳述）罪）	(පුරවැසි විනිශ්චය මංඩලය නියෝජිතයන්ගේ ව්‍යාජ (ප්‍රකාශන) දූෂණ)
・詐欺罪	• වංචාව
・殺人罪	• මිණී මැරීම
・殺人予備罪	• මිණී මැරීමට සූදානම්වීම
・私印偽造罪	• පෞද්ගලික මුද්‍රා හොරට සෑදීම
・私印不正使用罪	• අනවසරයෙන් පෞද්ගලික මුද්‍රා භාවිතය
・事後強盗罪	• නිර්මානාත්මක සොරකම
・自殺関与罪	• සියදිවි නසා ගැනීමට පෙළඹවීම හෝ උදව් කිරීම
・死体遺棄罪	• මෘතදේහ අතහැර දමායෑම

・死体損壊罪	・මෘතදේහ වලට හානි කිරීම
・失火罪	・නොසැලකිලිමත්කමින් ගිණි ඇවිලවීම
・自動車運転過失致死罪	・නොසැලකිලිමත් රිය පැදවීමෙන් මරණය
・自動車運転過失致傷罪	・නොසැලකිලිමත් රිය පැදවීමෙන් තුවාල සිදුකිරීම
・支払用カード電磁的記録不正作出罪	・අනවසරයෙන් මුදල්කාඩ්පත්වල චුම්බක වාර්තා නිර්මානය කිරීම
・重過失致死罪	・අශිෂ්ඨ නොසැලකිල්ලනිසා මරණය
・重過失致傷罪	・අශිෂ්ඨ නොසැලකිල්ලනිසා තුවාල සිදුකිරීම
・住居侵入罪	・වාසස්ථානයට කඩා වැදීම
・集団強姦罪	・කණ්ඩායම් ස්ත්‍රී දූෂණය
・収得後知情行使（交付）罪	・හොර හෝ වෙනස්කල මුදල් නෝට්ටු අත්කර ගත්පසු දැන දැනම භාවිතාකිරීම හෝ (පැවරීම)
・銃砲刀剣類所持等取締法違反	・ගිණි අවි, අසිපත් සහ අනෙකුත් එවැනි ආයුධ පාලන පනත උල්ලංඝනය කිරීම
（けん銃実包譲渡）	(අත්තුවක්කු උන්ඩ පැවරීම)
（けん銃実包所持）	(අත්තුවක්කු උන්ඩ සන්තකයේ තබා ගැනීම)
（けん銃実包として輸入）	(වෙනත් ද්‍රව්‍යක් ලෙස අත්තුවක්කු උන්ඩ ආනයනය කිරීම)
（けん銃実包輸入）	(අත්තුවක්කු උන්ඩ ආනයනය කිරීම)
（けん銃等加重所持）	(අත්තුවක්කුවක් තියුණු ලෙස ලඟ තබා ගැනීම)
（けん銃等譲渡）	(අත්තුවක්කුවක් පැවරීම)
（けん銃等所持）	(අත්තුවක්කුවක් සන්තකයේ තබා ගැනීම ආදිය)
（けん銃等として輸入）	(යම් ද්‍රව්‍යක් අත්තුවක්කුවක් ලෙස ආනයනය කිරීම ආදිය)
（けん銃等発射）	(අත්තුවක්කු බැහැර කිරීම ආදිය)
（けん銃等輸入）	(අත්තුවක්කු ආනයනය කිරීම ආදිය)
（けん銃部品として輸入）	(යම් ද්‍රව්‍යක් අත්තුවක්කුවක කොටස් ලෙස ආනයනය කිරීම ආදිය)
・出入国管理及び難民認定法違反	・ආගමන පාලන හා සරනාගත පිළිගැනීමේ පනත උල්ලංඝනය කිරීම
（営利目的等不法入国等援助）	(ලාභ සඳහා නීතිවිරෝධී ගොඩ බැසීමට උදව් කිරීම)

（寄港地上陸許可等の期間の経過）	(ගොඩ බැසීමට අවසරදුන් ට්‍රාන්සිට් කාලය ඉක්මවීම)
（収受等の予備）	(නීති විරෝධී ලෙස ජපානයට ඇතුළුවූ පුද්ගලයින් භාර ගැනීමට සූදානම්වීම ආදිය)
（集団密航者の収受等）	(සංවිධානාත්මක නීති විරෝධී ආගමනිකයන් භාර ගැනීම)
（集団密航者を本邦に入らせ, 又は上陸させる罪）	(සංවිධානාත්මක නීති විරෝධී ආගමනිකයන්ට භාර ගැනීම ජපානයට ඇතුළුවීමට හෝ ගොඩ බැසීමට ඉඩදීම)
（集団密航者を本邦に向けて輸送し, 又は本邦内において上陸の場所に向けて輸送する罪）	(ජපානය සඳහා හෝ ජපානයේ ගොඩ බැසීම් ස්ථානයට සංවිධානාත්මක නීති විරෝධී ආගමනිකයන් ප්‍රවාහනය කිරීම)
（船舶等の準備及び提供）	(නැව් සූදානම් කිරීම හා සැපයීම)
（不法在留）	(නීති විරෝධීව වාසය කිරීම)
（不法残留）	(කාලය ඉක්මවා වාසය කිරීම)
（不法就労助長）	(නීති විරෝධී ලෙස විදේශකයින් සේවයේ යෙදවීම)
（不法上陸）	(නීති විරෝධී ගොඩ බැසීම)
（不法入国）	(නීති විරෝධී ඇතුල්වීම)
（不法入国者等蔵匿隠避）	(නීතිවිරෝධී සංක්‍රමනිකයන් රඳවා ගැනීම හා පලායෑමට ඉඩ දීම)
（旅券不携帯）	(ගමන් බල පත්‍රයක් නොදැරීම)
・準強制わいせつ罪	• අරධ අශිෂ්ට අතවරය
・準強姦罪	• අරධ දූෂණය
・準詐欺罪	• අරධ වංචාව
・傷害罪	• ශාරීරික තුවාල
・傷害致死罪	• මරණයට තුඩු දෙන ශාරීරික තුවාල
・消火妨害罪	• ගිනි නිවන ප්‍රයත්නයට බාධා කිරීම
・証拠隠滅罪	• සාක්ෂි සැඟවීම හෝ විනාශ කිරීම
・常習賭博罪	• ඇබ්බැහි ලෙස සූදු කිරීම
・常習累犯窃盗罪	• පෙර වරදකරු වීම සහිත ඇබ්බැහි සොරකම
・承諾殺人罪	• විපතට පත්වූ තැනැත්තාගේ කැමැත්ත ඇතිව කෙරෙන මනුෂ්‍ය ඝාතනය

・証人等威迫罪	• සාක්ෂිකරුවකු තැති ගැන්වීම ආදිය
・私用文書毀棄罪	• පෞද්ගලික ප්‍රයෝජනය සඳහා වු ලේඛණ විනාශ කිරීම
・嘱託殺人罪	• යමකුගේ ඉල්ලීම පරිදි කළ මනුෂ්‍ය ඝාතණය
・職務強要罪	• රාජ්‍ය සේවකයකුට බල කිරීම
・所在国外移送目的略取罪	• විදේශ ගත කිරීම සඳහා පැහැරගැනීම
・信書隠匿罪	• ලිපි ගනුදෙනු සැඟවීම
・信書開封罪	• මුද්‍රා තබන ලද ලිපි අනවසරයෙන් විවෘත කිරීම
・人身売買罪	• මනුෂ්‍යයන් මිලදී ගැනීම හෝ විකිණීම
・信用毀損罪	• යමකුගේ මූල්‍ය විශ්වාසවන්තභාවය පහත හෙළීම
・窃盗罪	• සොරකම; සොරා ගැනීම
・騒乱罪	• කැරලි ගැසීම
・贈賄罪	• අල්ලසක් දීම

【た　行】

・逮捕罪	• නීති විරෝධි අත්අඩංගුවට ගැනීම
・逮捕致死罪	• නීති විරෝධි අත්අඩංගුවට ගැනීමෙන් මරණය
・逮捕致傷罪	• නීති විරෝධි අත්අඩංගුවට ගැනීමෙන් තුවාල සිදුවීම
・大麻取締法違反（所持，譲渡，譲受，使用，輸入）	• කංසා පාලන නීතිය කඩ කිරීම (ළඟ තබා ගැනීම, යැවීම, ලබා ගැනීම,භාවිතය, ආනයනය)
・多衆不解散罪	• විසිර යෑමට අපොහොසත් වීම
・談合罪	• ලන්සු-හොර කිරීම (රජයේ වෙන්දේසි හෝ ටෙන්ඩරවලදී)
・通貨偽造罪	• හොර මුදල් මුද්‍රණය
・通貨偽造等準備罪	• හොර මුදල් මුද්‍රණයට සූදානම්වීම
・電子計算機使用詐欺罪	• පරිගණක වංචාව
・電子計算機損壊等業務妨害罪	• පරිගණක භාවිතයට අවහිර කිරීමෙන් ව්‍යාපාරයට බාධා කිරීම
・電磁的記録不正作出罪	• විද්‍යුත්චුම්භක තැටි නීති විරෝධි ලෙස නිෂ්පාදනය කිරීම
・電磁的公正証書原本不実記録罪	• විද්‍යුත්චුම්භක නෛතික ලියකියවිලි වලට අනවසර පිවිසීම

・逃走援助罪	• පැන යාමට උදවු කිරීම
・逃走罪	• (අත් අඩංගුවෙන්) පැන යාම
・盗品運搬（保管，有償譲受け，有償処分あっせん）罪	• සොරා ගත් දේපල ප්‍රවාහනය කිරීම (ගබඩා කිරීම, මිළට ගැනීම, සහ තැරැව්කාර වීම)
・盗品無償譲受け罪	• වන්දි රහිතව සොරා ගත් දේපල අත්කර ගැනීම
・動物傷害罪	• අන්‍යයන්ගේ සතු(න්) සතාට හානි කිරීම හෝ මරා දැමීම
・特別公務員職権濫用罪	• විශේෂ රාජ්‍ය නිලධාරියකු විසින් අධිකාරය අනිසි ලෙස යෙදීම
・特別公務員職権濫用等致死罪	• විශේෂ රාජ්‍ය නිලධාරියකු විසින් අධිකාරය අනිසි ලෙස යෙදීම　නිසා මරණය
・特別公務員職権濫用等致傷罪	• විශේෂ රාජ්‍ය නිලධාරියකු විසින් අධිකාරය අනිසි ලෙස යෙදීම　නිසා තුවාල සිදුකිරීම
・特別公務員暴行陵虐罪	• විශේෂ රාජ්‍ය නිලධාරියකු විසින් පහර දීම හෝ බැට දීම
・賭博罪	• සූදු කෙළීම
・賭博場開帳等図利罪	• ලාභ ලැබීම පිණිස සූදු පොළක් විවෘත කිරීම
・富くじ発売罪	• ලොතරැයිපත් අවසර නැතිව විකිණීම

【は　行】

・売春防止法違反（勧誘，客待ち）	• ගණිකා-විරෝධී නීතිය කඩ කිරීම (කුලිය පිණිස අනුබල දීම, සැරිසැරීම ආදිය)
・背任罪	• සාපරාධී විස්වාසය කඩ කිරීම
・犯人隠避罪	• අපරාධකරුවකුට පැන යාමට ඉඩදීම
・犯人蔵匿罪	• අපරාධකරුවකුට රැකවරණය දීම
・非現住建造物等放火罪	• වාසයක් නැති ගොඩනැගිලි ගිනි තැබීම
・被拘禁者奪取罪	• රඳවා සිටි පුද්ගලයකු ඉවතට ගෙනයෑම
・秘密漏示罪	• රහස් තොරතුරු හෙලි කිරීම
・被略取者引渡し（収受，輸送，蔵匿，隠避）罪	• පැහැර ගත් පුද්ගලයකු භාරගැනීම (පිලිගැනීම,නැවතීමටදීම,පැනයාමට සැලසීම, සැගවීම)
・封印等破棄罪	• නීති විරෝධී ලෙස රාජ්‍ය මුද්‍රාවක් විනාශ කිරීම

・不実記録電磁的公正証書原本供用罪	・මුලික විද්‍යුත්චුම්භක නෛතික ව්‍යාජ තොරතුරු සහිතව භාවිතයේ යෙදවීම
・侮辱罪	・අපහාස කිරීම, හෙලා දැකීම
・不正作出電磁的記録供用罪	・අනවසරයෙන් සාදන ලද විද්‍යුත්චුම්භක තොරතුරු භාවිතයේ යෙදවීම
・不正指令電磁的記録供用罪	・අනවසර විද්‍යුත්චුම්භක වාර්තා තොරතුරු භාවිතයේ යෙදවීමට අනදීම
・不正指令電磁的記録作成（提供）罪	・අනවසර විද්‍යුත්චුම්භක වාර්තා තොරතුරු සෑදීමට අනදීම (භාරදීම)
・不正指令電磁的記録取得（保管）罪	・අනදීම් අනුව සාදන ලද අනවසර විද්‍යුත්චුම්භක වාර්තා තොරතුරු ලඟ තබා ගැනීම (සුරක්ෂිත කිරීම)
・不正電磁的記録カード所持罪	・අනවසර විද්‍යුත්චුම්භක වාර්තා සහිතව ගෙවීම් කාඩ්පත් ලඟ තබා ගැනීම
・不退去罪	・පිටමං කිරීමට පසු ඉවත්ව යාමට ප්‍රතික්ෂෙප කිරීම
・不動産侵奪罪	・වැරදි ලෙස නිශ්චල දේපළ අත්කර ගැනීම
・放火予備罪	・ගිනිතැබීම සූදානම් කිරීම
・暴行罪	・පහර දීම
・保護責任者遺棄罪	・නෛතික භාරකරුවකු විසින් අත්හැර දැමීම
・保護責任者遺棄致死罪	・නෛතික භාරකරුවකු විසින් අත්හැර දැමීම නිසා වන මරණය
・保護責任者遺棄致傷罪	・නෛතික භාරකරුවකු විසින් අත්හැර දැමීම නිසා වන තුවාල

【ま　行】

・未成年者略取（誘拐）罪	・බාලයකු පැහැර ගැනීම
・身の代金目的被略取者収受罪	・වන්දි මුදලක් අරමුණින් පැහැර ගත් පුද්ගලයකුගේ භාරය පිළිගැනීම
・身の代金目的略取罪	・වන්දි මුදලක් ලබා ගැනීමේ අරමුණින් පැහැර ගැනීම
・身の代金目的略取等予備罪	・වන්දි මුදලක් ලබා ගැනීමෙ සූදානම් වීම
・身の代金要求罪	・වන්දි මුදල ඉල්ලීම
・無印公文書偽造罪	・මුද්‍රාව රහිතව නිල ලේඛණයක් හොර කිරීම

罪名【ま・や・わ行】

・無印私文書偽造罪	・මුද්‍රාව රහිතව පෞද්ගලික ලේඛණයක් හොර කිරීම
・名誉毀損罪	・අපහාසය

【や　行】

・有印公文書偽造罪	・මුද්‍රාව සහිතව නිල ලේඛණයක් හොර කිරීම
・有印私文書偽造罪	・මුද්‍රාව සහිතව පෞද්ගලික ලේඛණයක් හොර කිරීම
・有価証券偽造罪	・ව්‍යාජ ව්‍යපාර කොටස් සහතික සකස් කිරීම

【わ　行】

・わいせつ物陳列(頒布，有償頒布目的所持）罪	・අසභ්‍ය ද්‍රවයන් ප්‍රදර්ශණය කිරීම (බෙදා හැරීම, මුදලට එම දේ බෙදා හැරීම සඳහා ලඟ තබා ගැනීම)
・わいせつ電磁的記録記録媒体陳列(頒布，有償頒布目的所持）罪	・අසභ්‍ය විද්‍යුත්චුම්භක වාර්තා සහිතව තොරතුරු ද්‍රවයන් මාධ්‍යන්හි ප්‍රදර්ශණය කිරීම (බෙදා හැරීම, මුදලට එම දේ බෙදා හැරීම සඳහා ලඟ තබා ගැනීම)
・わいせつ電磁的記録等送信頒布罪	・අසභ්‍ය විද්‍යුත්චුම්භක වාර්තා සහිතව තොරතුරු ද්‍රවයන් බැහැරට යැවීම
・わいせつ電磁的記録有償頒布目的保管罪	・අසභ්‍ය විද්‍යුත්චුම්භක වාර්තා සහිතව තොරතුරු (මුදලට එම දේ බෙදා හැරීම සුරක්ෂිත කිරීම)

資料

証拠等関係カードの略語表（19ページ参照）

1，2…	第１回公判，第２回公判……〔「期日」欄のみ〕	捜押	捜索差押調書
前1，前2…	第１回公判前整理手続，第２回公判前整理手続…	任	任意提出書
間1，間2…	第１回期日間整理手続，第２回期日間整理手続…	領	領置調書
※1，※2…	証拠等関係カード（続）「※」欄の番号１，２……の記載に続く	仮還	仮還付請書
決定	証拠調べをする旨の決定	還	還付請書
済	取調べ済み	害	被害届，被害てん末書，被害始末書，被害上申書
裁	裁判官に対する供述調書	追害	追加被害届，追加被害てん末書，追加被害始末書，追加被害上申書
検	検察官に対する供述調書	答	答申書
検取	検察官事務取扱検察事務官に対する供述調書	質	質取てん末書，質取始末書，質受始末書，質取上申書，質受上申書
事	検察事務官に対する供述調書	買	買受始末書，買受上申書
員	司法警察員に対する供述調書	始末	始末書
巡	司法巡査に対する供述調書	害確	被害品確認書，被害確認書
麻	麻薬取締官に対する供述調書	放棄	所有権放棄書
大	大蔵事務官に対する質問てん末書	返還	協議返還書
財	財務事務官に対する質問てん末書	上	上申書
郵	郵政監察官に対する供述調書	報	捜査報告書，捜査状況報告書，捜査復命書
海	海上保安官に対する供述調書	発見	遺留品発見報告書，置去品発見報告書
弁録	弁解録取書	現認	犯罪事実現認報告書
逆送	家庭裁判所の検察官に対する送致決定書	写報	写真撮影報告書，現場写真撮影報告書
告訴	告訴状	交原	交通事件原票
告調	告訴調書	交原(報)	交通事件原票中の捜査報告書部分
告発	告発状，告発書	交原(供)	交通事件原票中の供述書部分
自首	自首調書	検調	検証調書
通逮	通常逮捕手続書	実	実況見分調書
緊逮	緊急逮捕手続書	捜照	捜査関係事項照会回答書，捜査関係事項照会書，捜査関係事項回答書
現逮	現行犯人逮捕手続書	免照	運転免許等の有無に関する照会結果書，運転免許等の有無に関する照会回答書，運転免許調査結果報告書
捜	捜索調書	速カ	速度違反認知カード
押	差押調書	選権	選挙権の有無に関する照会回答書

診	診断書	嘆	嘆願書
治　照	交通事故受傷者の病状照会について，交通事故負傷者の治療状況照会，診療状況照会回答書，治療状況照会回答書	（謄）	謄本
検　視	検視調書	（抄）	抄本
死	死亡診断書，死体検案書	（検）	検察官
酒　カ	酒酔い酒気帯び鑑識カード	（検取）	検察官事務取扱検察事務官
鑑　嘱	鑑定嘱託書	（事）	検察事務官
鑑	鑑定書	（員）	司法警察員
電　話	電話聴取書，電話報告書	（巡）	司法巡査
身	身上照会回答書，身上調査照会回答書，身上調査票，身上調査回答	（大）	大蔵事務官
戸	戸籍謄本，戸籍抄本，戸籍（全部・一部・個人）事項証明書	（財）	財務事務官
戸　附	戸籍の附票の写し	（被）	被告人
登　記	不動産登記簿謄本，不動産登記簿抄本，登記（全部・一部）事項証明書		
商登記	商業登記簿謄本，商業登記簿抄本，登記（全部・一部）事項証明書		
指	指紋照会回答票，指紋照会書回答票，指紋照会書通知書，指紋照会回答，指紋照会書回答，指紋照会回答書		
現　指	現場指紋による被疑者確認回答書，現場指紋等確認報告書		
氏　照	氏名照会回答書，氏名照会票，氏名照会記録書		
前　科	前科調書，前科照会（回答）書，前科照会書回答		
前　歴	前歴照会（回答）書		
犯　歴	犯罪経歴回答書，犯罪経歴電話照会回答書		
外　調	外国人登録（出入国）記録調査書		
判	判決書謄本，判決書抄本，調書判決謄本，調書判決抄本		
決	決定書謄本，決定書抄本		
略	略式命令謄本，略式命令抄本		
示	示談書，和解書		
受	受領書，受領証，領収書，領収証，受取書，受取証		
現　受	現金書留受領証，現金書留引受証		
振　受	振込金兼手数料受領書，振込金受領書		
寄　附	贖罪寄附を受けたことの証明		

第一審手続概要

起訴

公判準備
- 起訴状謄本の送達
- 弁護人選任照会（通訳言語照会）
  ↓（通訳人予定者への打診）
- 起訴状概要の翻訳・送付
- 国選弁護人の選任

> 公判前整理手続（非公開）は、裁判員裁判対象事件では必ず行われるが、それ以外の通常の事件でも行われる場合がある。

公判前整理手続
- 証明予定事実記載書面の提出（検察官）
- 証拠調べの請求
  ↓
- 証明予定事実等の明示（弁護人、被告人）
- 証拠調べの請求に関する意見
- 証拠調べの請求
  ↓
- 争点及び証拠の整理（証拠決定等）
- 審理計画の策定

裁判員等選任手続 ← 裁判員裁判対象事件のみ（非公開）

公判手続

冒頭手続
- （公判前整理手続において通訳人が選任されていない場合）
- 通訳人の人定尋問と宣誓
  ↓
- 被告人の人定質問
  ↓
- 検察官の起訴状朗読
  ↓
- 被告人に対する黙秘権等の告知
  ↓
- 被告人及び弁護人による被告事件に対する陳述

証拠調べ

公判前整理手続が行われた事件では，次のように進行する。

通常の事件の場合

- 検察官の冒頭陳述
- ↓
- 証拠調べの請求（検察官）
- ↓
- 証拠調べの請求に対する意見の聴取
- ↓
- 証拠決定
- ↓
- 証拠調べの実施（証拠書類，証拠物の取調べ，証人尋問等）
- ↓
- 被告人の供述調書の取調べ
- ↓
- 証拠調べの請求（弁護人）
- ↓
- 証拠調べの請求に対する意見の聴取
- ↓
- 証拠決定
- ↓
- 証拠調べの実施（証拠書類，証拠物の取調べ，証人尋問等）
- ↓
- 被告人質問

公判前整理手続が行われた事件の場合

- 検察官の冒頭陳述 → 弁護人の冒頭陳述
- ↓
- 公判前整理手続の結果を明らかにする手続
- ↓
- 証拠調べの実施（証拠書類，証拠物の取調べ，証人尋問等） → 被告人質問

弁論

- 検察官の論告・求刑
- ↓
- 弁護人の最終弁論
- ↓
- 被告人の最終陳述

判決宣告

- 有罪判決
- 無罪判決
- その他（免訴・公訴棄却・管轄違い）

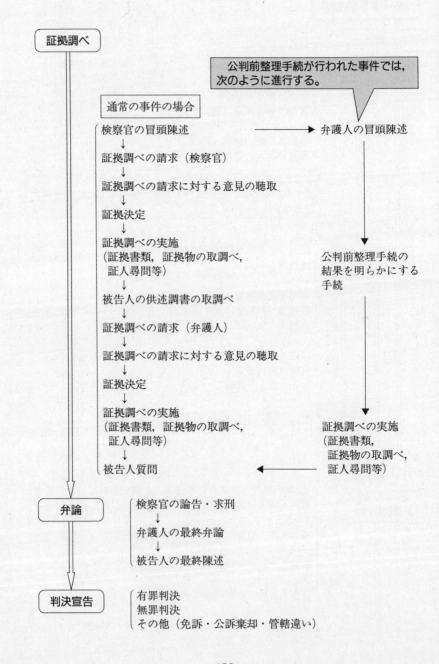

控訴審手続概要

第一審裁判所

- 控訴申立て
  ↓
- 弁護人選任照会（高裁の依頼に基づく。）
  ↓
- 記録・証拠物の送付

控訴審裁判所

公判準備

- 控訴趣意書差出最終日の指定・通知
  ↓
- 国選弁護人の選任（高裁によっては，上記指定より先に行っている。）
  ↓
- 控訴趣意書の提出及び相手方への謄本の送達
  ↓
- （答弁書の提出）
  ↓
- 第１回公判期日の指定及び被告人の召喚
  （高裁によっては，上記指定を控訴趣意書差出最終日の通知と同時に行っている。）

公判手続

- 通訳人の人定尋問と宣誓
  ↓
- 被告人の人定質問
  ↓
- （黙秘権の告知）
  ↓
- 控訴趣意書に基づく弁論
  ↓
- 控訴趣意書に対する相手方の意見
  ↓
- （事実の取調べ）
  ↓
- （事実の取調べの結果に基づく弁論）

判決宣告

- 控訴棄却
- 原判決破棄（差戻し・移送・自判）

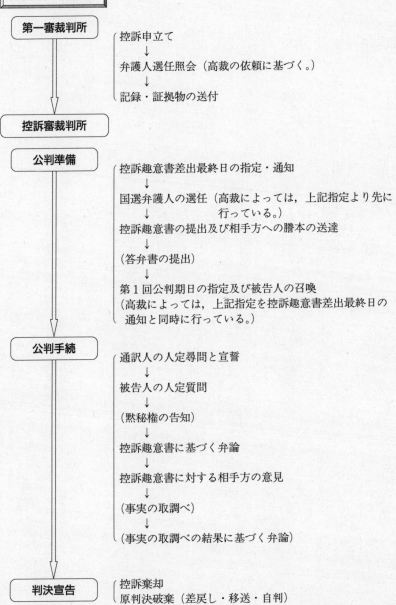

法廷通訳ハンドブック　実践編
【シンハラ語】（改訂版）　　書籍番号　30-23

平成14年５月１日　第１版第１刷発行
平成30年８月10日　改訂版第１刷発行

監　　修　最高裁判所事務総局刑事局
発行人　平　田　豊
発行所　一般財団法人　法　曹　会
〒100−0013　東京都千代田区霞が関1-1-1
振替口座　00120－0－15670
電　　話　03－3581－2146
http://www.hosokai.or.jp/

落丁・乱丁はお取替えいたします。　印刷製本／㈱プライムステーション

ISBN 978-4-86684-009-3

本誌は再生紙を使用しています。